V&R

Gerhard Büttner / Jörg Thierfelder (Hg.)

Trug Jesus Sandalen?

Kinder und Jugendliche sehen
Jesus Christus

Mit 13 Abbildungen und 4 Figuren

Vandenhoeck & Ruprecht
in Göttingen

Die Deutsche Bibliothek – *CIP-Einheitsaufnahme*

Trug Jesus Sandalen?: Kinder und Jugendliche sehen Jesus Christus /
Gerhard Büttner / Jörg Thierfelder (Hg.). –
Göttingen: Vandenhoeck & Ruprecht, 2001
ISBN 3-525-61392-X

© 2001, Vandenhoeck & Ruprecht in Göttingen
http://www.vandenhoeck-ruprecht.de
Printed in Germany. – Das Werk einschließlich seiner Teile ist
urheberrechtlich geschützt. Jede Verwertung außerhalb der engen Grenzen
des Urheberrechtsgesetzes ist ohne Zustimmung des Verlages unzulässig
und strafbar. Das gilt insbesondere für Vervielfältigungen, Übersetzungen,
Mikroverfilmungen und die Einspeicherung und Verarbeitung
in elektronischen Systemen.
Satz: Weckner Fotosatz GmbH, Göttingen
Druck und Bindung: Hubert & Co., Göttingen

Inhalt

Die Christologie der Kinder und Jugendlichen –
Ein Überblick 7
GERHARD BÜTTNER/JÖRG THIERFELDER

„Der Jesus kann auch gut mit Kindern umgehen."
Christologie der Vorschulkinder 27
JUDITH BRUNNER

Das Jesusbild Leipziger Schüler
im Religionsunterricht und zu Hause 72
HEIDE LIEBOLD

Abschied von Jesus, dem Gottessohn?
Christologische Fragen Jugendlicher als
religionspädagogische Herausforderung 106
TOBIAS ZIEGLER

Jesus in schriftlichen Äußerungen Jugendlicher 140
ROBERT SCHUSTER

Die Autorinnen und Autoren 185

Die Christologie der Kinder und Jugendlichen

Ein Überblick[1]

GERHARD BÜTTNER/JÖRG THIERFELDER

Dass im christlichen Religionsunterricht Jesus Christus zentral zur Sprache kommen muss, ist unbestritten, wenn anders der Religionsunterricht sein christliches Profil behalten will. Die Frage ist nur wie. Wenn Grundschulkinder am Anfang ihrer Schullaufbahn etwas von Jesus Christus wissen, dann meistens dies, dass er an Weihnachten in wunderbarer Weise zur Welt gekommen ist: „Euch ist ein Kindlein heut geborn von einer Jungfrau auserkorn, ein Kindelein so zart und fein, das soll eu'r Freud und Wonne sein." (Martin Luther, EG 24,2). Das „heut" deutet darauf hin, dass das göttliche „Kindelein" keine Gestalt der Vergangenheit ist, sondern der Gegenwart. Gegenwärtig ist auch der Christus des weit bekannten Tischgebets: „Komm, Herr Jesus, sei unser Gast, und segne, was du uns bescheret hast."

Doch im Grundschulreligionsunterricht begegnet dann oft genug ein anderer Jesus. Gezeichnet wird ein Mensch, der aus dem Judentum stammt, der einen langen Rock anhat und Sandalen an den Füßen – eben ein Galiläer, der am Ufer des Sees Genezareth lebt und wirkt. Gerne wird der Lebenslauf eines heutigen Kindes mit dem von Jesus parallelisiert und Taufe bzw. Beschneidung sowie Konfirmation/Bar Mitzwah werden nebeneinander gestellt. Der erwachsene Jesus ist einer,

---

1 Die Herausgeber danken Frau Katharina Kammeyer für die sorgfältige Druckvorbereitung aller Beiträge dieses Bandes.

der sich für andere Menschen einsetzt. Dabei werden vor allem Jesusgeschichten wie die von Zachäus gebracht, dem Jesus half, wieder ein „ordentlicher Mensch" zu werden oder Gleichnisse wie das vom barmherzigen Samariter, das zu einem liebevollen Verhalten gegenüber dem Nächsten aufruft. Wundergeschichten werden eher vermieden. Sie seien für Grundschüler/innen dann doch zu schwierig.

Begründet wird ein solches Vorgehen auf verschiedene Weise. Dass man gerade den aus dem Judentum stammenden Jesus so hervorhebt, hängt sicher mit der Revision des Verhältnisses von Juden und Christen nach der Katastrophe der Shoah zusammen. Christen und Juden sind gerade dadurch eng verbunden, dass Jesus Christus, das Zentrum des christlichen Glaubens, ein Jude war. Und diese Erkenntnis darf in der Tat nicht verloren gehen. Doch die Betonung des „historischen Jesus" hat auch theologiegeschichtliche Wurzeln.[2] Sie hängt zusammen mit dem neuen Fragen nach dem historischen Jesus der Schüler von Rudolf Bultmann seit den 50er-Jahren. Für Rudolf Bultmann war der Rekurs auf den historischen Jesus nicht nur unmöglich, weil wir von diesem viel zu wenig wirklich wissen, ist er doch in den Evangelien ganz von dem Christusbekenntnis übermalt, sondern auch abzulehnen, weil der Glaube dadurch historisch abgesichert werden soll, was dem christlichen Glauben gegenüber nicht adäquat ist.[3] Bultmanns Schüler wie Käsemann und Fuchs teilten auf der einen Seite Bultmanns Skepsis nicht, auf der anderen Seite hielten sie den „historischen Jesus" für zentral wichtig zur Interpretation des Christus des Glaubens. Religionspädagogisch wurde damals gefolgert, dass im Religionsunterricht

---

2 Vgl. die Forschungsgeschichte in Theißen, G./Merz, A. (1996): Der historische Jesus. Göttingen, 21ff.
3 Vgl. Bultmanns abschließendes Resümee in der Auseinandersetzung mit seinen Schülern: Bultmann, R. (1960): Das Verhältnis der urchristlichen Christusbotschaft zum historischen Jesus. Heidelberg (SHAW.PH 3.Abh.).

der Grundschule gerade der „historische Jesus" zur Sprache kommen sollte.[4]

Gerne berief man sich dabei auch auf Martin Luther, der in einer Psalmenvorlesung gesagt hat: „... prior sit Christus homo, quam deus apprehendus ... Christus homo habitus Christum deum sponte sua adducet", zu Deutsch: „... Bevor Christus als Gott begriffen werden kann, muss er als Mensch begriffen werden .... Hat man Christus als den Menschen, so wird er von sich aus Christus als Gott herbeibringen."[5] Doch dieses Zitat kann schwerlich in Auseinandersetzungen um den „historischen Jesus" eingesetzt werden, weil die Unterscheidung zwischen dem historischen Jesus und dem Christus des Glaubens eigentlich auf die Aufklärung zurückgeht. Luther, der die altkirchliche Zwei-Naturen-Lehre rezipierte, sprach sich in dieser Formulierung für ein Ernstnehmen der Menschheit Jesu in der Frage der richtigen Christuserkenntnis aus. Möglicherweise entsprach der „historische Jesus" aber auch am besten der theologischen Einstellung der Religionslehrer/innen, die angesichts gewisser Unsicherheiten in Weltbildfragen auf Wundergeschichten, die Geschichte von der wunderbaren Geburt Jesus und der Auferstehung lieber verzichten wollten. Dieser Grundeinstellung entsprach, dass den Lehrer/innen gerade eine Unterrichtseinheit wie „Zeit und Umwelt Jesu" besonders angenehm war, weil man in ihr abgesichertes Wissen über eben diese Zeit vermitteln konnte. Die Gefahr bei einem solchen Vorgehen war und ist sicher die, dass der „Christus praesens" aus den Augen zu verschwinden drohte, der, von dem der Heidelberger Katechismus als „einzigem Trost im Leben und im Sterben"

---

4 Dies wurde im Anschluss an die spezifische Bultmannrezeption von Stock, H. (1964): Das Verhältnis der Christusbotschaft der synoptischen Evangelien zum historischen Jesus als Problem des biblischen Unterrichts in der Schule. In E. Dinkler (Hg.): Zeit und Geschichte. Dankesgabe an Rudolf Bultmann zum 80. Geburtstag. Tübingen, 703–717, besonders betont von Konrad, J.-F. (1970): Das didaktische Prae des „historischen Jesus" vor dem „kerygmatischen Christus". EU/ZRP 25, 5-8. Zu den Einzelheiten vgl. Büttner, G. (1998): Janines Jesusbild oder welche Christologie haben bzw. brauchen Grundschulkinder? In ders., Petri, D./Röhm, E.: Wegstrecken. FS J. Thierfelder. Stuttgart, 119-127.
5 Martin Luther, Psalmenvorlesung 1519-1521, WA V, 129, 9-11.

spricht. So kann der katholische Religionspädagoge Halbfas zu Recht geltend machen, dass „auch dem Religionsunterricht in der Jesusgeschichte die christologische Dimension von Anfang an nicht mangeln"[6] darf.

Man kann nun fragen, wie die Schüler/innen selbst Jesus Christus sehen. Mit dieser Frage beschäftigt sich das vorliegende Buch zur „Empirischen Christologie". Es bringt auf besondere Weise eine „Christologie von unten" zur Sprache, wobei das „von unten" etwas spezifisch Anderes meint, als man sonst darunter versteht. „Von unten" meint hier die Christologie, die die Schüler/innen selbst zur Sprache bringen. Insofern steht dieses Buch in der Tradition der Publikationen, die nicht mehr – mehr oder weniger orakelnd – behaupten, was die Schüler/innen in Glaubensfragen wohl meinen, sondern die Schüler/innen kommen selbst zu Wort. Dazu werden ihre Äußerungen in Bild und Schrift, aber auch im Unterrichtsgespräch wahr- und aufgenommen. Es werden also Aneignungsprozesse bei den Schüler/innen untersucht.[7]

Dabei ist die Konzentration auf die christologische Fragestellung in diesem Zusammenhang relativ neu. Dies hat gewiss forschungspragmatische Gründe, hängt aber auch mit der oben skizzierten theologischen Grundströmung zusammen. Damit ist gemeint, dass es verständlich ist, wenn sich die empirische Forschung zunächst einmal konzentriert auf die Frage nach den Gottesbildern von Kindern und Jugendlichen.[8] Die Gottesfrage bildet zweifelsohne das Herzstück jeglicher Beschäftigung mit Glauben schlechthin. Gleichzeitig zielen die bekannten Definitionen von Luther „woran du

---

6 Halbfas, H. (1984): Religionsbuch für das 2. Schuljahr. Düsseldorf & Zürich u.a., 269.
7 Vgl. die Diskussion zur „Hermeneutik der Aneignung" in Becker, U./ Scheilke Ch. Th. (1995): Aneignung und Vermittlung. Beiträge zu Theorie und Praxis einer religionspädagogischen Hermeneutik. FS Klaus Goßmann zum 65. Geb. Gütersloh.
8 Genannt seien hier Heller, D. (1986): The Children's God. Chicago; Bucher, A. (1994): Alter Gott zu neuen Kindern? Neuer Gott von alten Kindern? Was sich 343 Kinder unter Gott vorstellen. In V. Merz (Hg.): Alter Gott für neue Kinder? Freiburg/CH, 79ff. und Hanisch, H. (1996): Die zeichnerische Entwicklung des Gottesbildes bei Kindern und Jugendlichen. Stuttgart & Leipzig.

dein Herz hängst" und Tillich „das, was uns unbedingt angeht" auf offene Interpretationsmöglichkeiten, sei es im Hinblick auf die jugendlicher „Konstrukteure"[9] oder auch in Bezug auf die Möglichkeiten nichtchristlicher Religiosität.

Die Nachfrage hinsichtlich einer möglichen Christologie hat notwendigerweise eine andere Qualität. Die biblischen Geschichten über Jesus bilden einen ungleich bindenderen Rahmen als das Stichwort „Gott". D.h., wer von Jesus gar nichts weiß, kann auch schlecht etwas zusammenphantasieren. Auf der anderen Seite sind für jede Konstruktion durch die konkreten Jesusgeschichten einerseits und durch die Gottesvorstellung andererseits benennbare Rahmenbedingungen für jede individuelle Christologie gegeben. Das hat zur Folge, dass alle diejenigen, die nicht die historische Existenz Jesu leugnen, gezwungen sind, Überlegungen anzustellen, die fast alle Parallelen haben in der christologischen Diskussion der Jahrhunderte. Dabei tragen häufig gerade die Bilder und Vorstellungen der Grundschulkinder vergleichsweise „orthodoxe" Züge.[10] Dies führt zu dem im ersten Moment überraschenden Ergebnis, dass die Christologien der Kinder und Jugendlichen – wie fragmentarisch sie auch immer erscheinen mögen – kein Argument bieten für eine eher moralisch argumentierende Jesulogie, sondern Anstoß bieten für die Aufnahme der christologischen Diskussion in allen Altersstufen.

Ausgangspunkt bei diesen empirischen Untersuchungen der Aneignungsprozesse ist, dass wir es bei diesen Äußerungen der Schüler/innen mit ernst zu nehmenden Beiträgen zu tun haben, also nicht mit kindlichen, um nicht zu sagen „kindischen" Formulierungen, die durch ernsthafte Abhandlungen von theologisch versierten Lehrkräften zu korrigieren sind. Es sind ernst zu nehmende Beiträge von Laientheolog/innen, natürlich innerhalb der Verstehensmöglichkeiten von Kindern und Jugendlichen. Wer die Äußerungen

---

9 Vgl. die Untersuchungen zu Margret E.: Comenius-Institut (Hg.) (1993): Religion in der Lebensgeschichte. Interpretative Zugänge am Beispiel der Margaret E. Gütersloh.
10 Vgl. dazu Büttner, G./ Rupp, H. (1997): Komm, Herr Jesus, sei du unser Gast! Präsentische Christologie in der Perspektive von Kindern und Jugendlichen. KatBl 122, 249-256.

der Schüler/innen untersucht, wird oft eine große Tiefe der Reflexion feststellen. Wenn heute schon in der Grundschule ein Philosophieren mit Kindern betrieben wird und dabei erstaunliche Ergebnisse erzielt werden, so spricht nichts dagegen, es auch mit einem Theologisieren mit Kindern zu probieren.[11] Versuche haben gezeigt, dass Kinder und Jugendliche durchaus fähig sind, die bleibenden großen Fragen der Theologie zu bedenken. Es ist eine andere Frage, ob wir Lehrer/innen überhaupt fähig sind, solche Beiträge adäquat aufzunehmen.

Hilfen zum Entschlüsseln der Beiträge von Kindern und Jugendlichen geben uns die kognitiven Entwicklungstheorien von Jean Piaget und Lawrence Kohlberg sowie die religiösen Entwicklungstheorien von Fritz Oser/ Paul Gmünder und James Fowler. Es sind Hilfen zum Entschlüsseln und keineswegs dogmatische Festlegungen. Spätestens dann, wenn wir etwa meinen, den Kindern in der Grundschule ein aufgeklärtes Wunderverständnis vermitteln zu müssen, werden wir merken, wie hilfreich es ist, zu wissen, auf welcher Stufe der kognitiven (Glaubens-)Entwicklung die betreffenden Kinder sich befinden, nämlich auf einer Stufe, in der die Kinder Wundergeschichten problemlos in ihr Weltbild integrieren können.[12]

Ausgangspunkt unseres Bandes sind die Forschungen, die Gerhard Büttner zu diesem Thema vorgelegt hat.[13] Büttner hat eine vom Aufbau und den Materialien gleiche Schulstunde zum Thema „Jesus Christus" in den Klassen 1 bis 9 unter-

---

11 Vgl. dazu die Beispiele zum Büttner, G./ Rupp, H. (2001) (Hg.): Theologisieren mit Kindern. Stuttgart u.a. (im Ersch.) Darin: Büttner, G./ Thierfelder, J.: Mit theologischen „Klassikern" theologisieren.
12 Zur dieser Frage grundlegend die Überlegungen von Ritter, W.H. (1994): Wundergeschichten für Grundschulkinder? Aspekte einer religionspädagogischen Kontroverse und weitere religionsdidaktische Überlegungen. In Harz, F./ Schreiner, M. (Hg.): Glauben im Lebenszyklus. München, 139-159.
13 Büttner, G. (2001): Jesus hilft! Untersuchungen zur Christologie von Schülerinnen und Schülern. Stuttgart (im Ersch.), sowie Teilaspekte in Büttner/ Rupp (1997), a.a.O. und Büttner, G./ Rupp, H. (1999): „Wer sagen die Leute, dass ich sei" (Mk 8,27). Christologische Konzepte von Kindern und Jugendlichen. JRP 15, 31-47.

richten lassen und aus den Unterrichtsgesprächen eine Entwicklung der Christologie erhoben, die etwa dem folgenden Muster folgt:

Altersgruppe	Entwicklungspsychologischer Befund	Theologisch relevante Beobachtung
Klasse 1–3	Bestimmend ist die artifizialistische bzw. finalistische Sichtweise. Kinder erwarten, dass Jesus hilft und alles gut ausgeht. Das Eingreifen Jesu bzw. Gottes wird dabei durchaus konkret verstanden.	Gott und Jesus erscheinen eng verbunden, wie aus dem familialen Kontext geläufig (Vater und Sohn). Anfangs werden Jesus und Gott manchmal verwechselt, zumindest unscharf unterschieden. Beginnende Überlegungen zur Besonderheit Jesu Christi im Modus konkreten Denkens (z.B. halb Mensch, halb Gott).
Klasse 4–7	Artifizialistische Vorstellung löst sich zunehmend auf. Jesu bzw. Gottes Hilfe wird eher in Übereinstimmung mit den Naturgesetzen erwartet. Erste Ansätze eines subjektorientierten Handelns Jesu (gibt Mut, die Situation zu bestehen).	Jesus und Gott sind deutlich getrennt. Zentrale Bedeutung hat das Gebet als Kommunikationsmedium zwischen Gott und Jesus. Tendenz zur Aufspaltung der Funktion: Jesus will helfen, braucht dazu die Ermächtigung von Gott. Dieser hat die Macht zu helfen, verweigert sie aber manchmal Jesus.
Klasse 8+9	Artifizialistische Reste eigentlich nur noch als Ausdruck von Regression. Sonst Vorherrschen einer subjektorientierten Christologie als individueller Erfahrung.	Die Beziehung zwischen Jesus und Gott ist weiterhin bestimmt durch Gebet. Zunehmende Versuche, die Bedeutung dieses „besonderen Menschen" im Zusammenhang mit Gott zu verstehen (z.B. Darsteller Gottes).

Diese Ergebnisse sind hilfreich, um den Übergang von der Grundschulzeit zur Sek I im Hinblick auf die Christologie zu erklären. Sie lassen aber an zwei Stellen wichtige Fragen offen. Einmal ist zu fragen, wie sich denn gewissermaßen die Frühformen christologischen Verstehens erklären lassen. Zum anderen ist natürlich mit Recht zu fragen, ob die christologische Entwicklung mit dem 9. Schuljahr abgeschlossen ist. Forschungspragmatisch ließ sich der Büttner'sche Ansatz mit *einer* exemplarischen Schulstunde altersmäßig nicht weiter ausdehnen. So ist es konsequent, dass für die jüngeren bzw. älteren Alterskohorten eigene methodische Zugänge gesucht werden.[14] Gleichwohl erscheint es wünschenswert, die von Büttner erarbeiteten Ergebnisse in neuen Kontexten zu überprüfen. Der Beitrag von Heide Liebold in diesem Band bietet dazu Gelegenheit. Einmal findet ihre Untersuchung mit dem Büttner'schen Setting in einer Religionsklasse in den neuen Bundesländern statt. Zum andern bietet ihre spezifische Zugangsweise der „Nachfrage" im außerschulischen Kontext einen Hinweis auf die Gültigkeit und Stabilität der Aussagen. Judith Brunner bietet mit ihrer kleinen Studie zur Christologie der Vorschulkinder die erste Alternative zu einer 40 Jahre alten Untersuchung zum Thema. Tobias Ziegler und Robert Schuster geben mit ihren Studien zur Christologie von Jugendlichen bzw. jungen Erwachsenen Hinweise darauf, wie die christologische Entwicklung „weitergeht". Wir skizzieren im Folgenden die Beiträge dieses Bandes und schließen Gedanken zu wünschbaren unterrichtlichen Konsequenzen an.

Judith Brunner hat Kindergartenkinder Jesus malen lassen. In einem anschließenden Gespräch erklärten die Kinder der Erzieherin, was sie auf dem Bild dargestellt haben. Die Studie konnte die in der Literatur tradierte Idee falsifizieren, wonach das Weihnachtsmotiv und die Anschauung „Jesus als Kind"

---

14 Wenngleich das von Büttner angewandte Gruppendiskussionsverfahren offensichtlich eine große Plausibilität besitzt, wie die unabhängig davon vorgenommene Untersuchung von Lorentz, M. (2000): Christologie Jugendlicher. Gruppendiskussionen als qualitativ-empirische Gegenstandsannäherung. In Hennig, Ch./Nestler, E. (Hg.) Religionspsychologie heute. Ffm, 227-252, zeigt.

die übermächtigen Vorstellungen der Kinder seien. Durch den Erhebungszeitraum bedingt, fanden sich besonders viele Motive der Passions- und Osterüberlieferung. Entwicklungspsychologisch konnte Judith Brunner eine Tendenz nachzeichnen, in der der „Jesus in der kindlichen Assimilation" zurückweicht zu Gunsten eines „biblisch überlieferten Jesus". Auch wenn die „Regression der 5-Jährigen" in ihrer Stichprobe die Vorstellung einer linearen Entwicklung infrage stellen könnte, so ist doch die Überlegung einleuchtend, dass die Jesusfigur zunächst eine Figur neben anderen in der kindlichen Lebenswelt ist. Folgerichtig taucht sie auch scheinbar willkürlich in allen möglichen Kombinationen im kindlichen Kontext auf. Durch die zunehmende Kenntnis biblischer Geschichten im Kindergarten (und z.T. auch zu Hause) wird es den Kindern möglich, diese neuen Kontexte mit der Jesusgestalt zu verbinden. In dem Maße, wie dies gelingt, wird man dann zunehmend auch den Übergang von der intuitiv-projektiven zur mythisch-wörtlichen Phase im Sinne Fowlers markieren. Damit kennzeichnet diese Studie gleichzeitig die annehmbaren Voraussetzungen zu Beginn der Grundschulzeit.

Heide Liebolds Beitrag stützt die Grundannahmen des oben skizzierten Schemas. Ihre Studie arbeitet mit denselben Medien wie die Untersuchung von Büttner: in erster Linie mit einer Dilemmageschichte, einer Bedrohungssituation durch einen Sturm auf dem See Genezareth. Die Kinder der 5. Klasse sind bezogen auf das artifizialistische Muster eines materiell eingreifenden Jesus, auch und gerade dann, wenn sie sich diesen wunderhaften Verlauf nicht mehr richtig vorstellen können. Die Kinder reagieren mit verschiedenen Erklärungsversuchen, die letztlich sehr tastend vorgetragen werden und kommen schließlich in der Tendenz auf die Lösung, die auch bei den Vergleichsstudien in dieser Altersstufe eine zentrale Rolle spielte: Jesus als Beter. Dabei ist Jesus nicht der Beter wie du und ich, sondern das Gebet markiert auch hier die Zwiesprache zweier „göttlicher" Figuren.

Die besondere Bedeutung von Heide Liebolds Beitrag liegt gewiss darin, dass sie die Validität der Schüleräußerungen im Klassenverband dadurch überprüft hat, dass sie häusliche Interviews mit den Schülern zur Thematik angeschlossen hat. Sie deckt dabei besondere Bedingungen des Religionsunterrichts in den neuen Bundesländern (Zusammensetzung der Gruppen) auf, zeigt aber auch grundsätzlich, wieweit zumindest die Nuancen der Schülervoten im Unterricht auch von der besonderen Dynamik der Lerngruppen abhängig sind. Gerade unter diesem Aspekt zeigt sich aber auch, dass die Grundaussagen der Schüler sich nicht gravierend von den Äußerungen in ihrem häuslichen Kontext unterscheiden. Die Validität der Unterrichtsäußerungen wird damit unterstrichen.

Tobias Ziegler geht in seinem Beitrag „Abschied von Jesus, dem Gottessohn? – Christologische Fragen Jugendlicher als religionspädagogische Herausforderung" von der Beobachtung aus, dass für viele Jugendliche Jesus Christus keine zentrale Bedeutung mehr zu haben scheint im Unterschied zum Kindesalter, in dem grundlegende christologische Fragen eine nicht geringe Rolle spielen. Gerade beim Übergang zur Adoleszenz scheint Jesus einen deutlichen Relevanzverlust zu erfahren. Das muss für den Religionsunterricht Besorgnis erregend sein, der das Evangelium von Jesus Christus den Schülern nahe bringen will. Ziegler sieht vor allem in der kognitiven Entwicklung Gründe für den Relevanzverlust. Er führte eine eigene Untersuchung bei 100 Gymnasiasten durch, wobei er sich für die durch gezielte Fragen gelenkte schriftliche Befragung entschied. Die Schüler/innen sollten einen Aufsatz schreiben, in dem sie gegenüber einem Freund bzw. einer Freundin anhand von fünf Fragen ihr persönliches Bild von Jesus darstellen. Das Zentrum des Beitrags stellt die Inhaltsanalyse der schriftlichen Äußerungen der Schüler/innen dar, methodisch beruhend auf der Forschungsstrategie der „Grounded Theory". Ziegler stellt fest, dass etwa bei der Hälfte der Befragten eine kritisch-zweifelnde Grundhaltung anzutreffen ist, während bei der anderen Hälfte kaum Zweifel und Fragen auftauchen. Bei der letzteren Hälfte sind zwei Grundhaltungen festzustellen. Die einen stehen Jesus eher gleichgültig-distanziert gegenüber, die anderen vertreten ihr

Jesusbild mit einer gewissen Überzeugung. In Anlehnung an K.E. Nipkows Untersuchung „Die Gottesfrage bei Jugendlichen", stellt Ziegler sechs Einbruchs- und Konfliktfelder im Glaubens- und Jesusverständnis Jugendlicher heraus und bedenkt mögliche religionspädagogische Konsequenzen. *Zum Ersten* zeigt sich in vielen Schüleräußerungen die Erwartung an Jesus als Helfer und Wundertäter und den von ihm verkörperten lieben und gerechten Gott im Widerspruch zu dem auf globaler Ebene wie im persönlichen Umfeld erfahrenen Leid. Ziegler zieht daraus die Konsequenz, dass im Kindesalter kein einseitiges Jesusbild aufgebaut werden darf, „in dem nur der gute, immer allen Menschen helfende Jesus betont wird, während der unschuldig leidende mit Gott verzweifelt ringende ausgespart wird". *Zum Zweiten* ist es der Aspekt der Göttlichkeit Jesu, der im Jugendalter für das kritisch-rationale Denken zum Problem wird. Die Überbetonung der Wundertaten als Ausdruck der Göttlichkeit des Gottessohnes wie auch die postulierte ideale Vorbildlichkeit seines Lebens wird den Jugendlichen zum Problem. Eine Vorbildfunktion Jesu wird nur dann akzeptiert, wenn er als Mensch mit Fehlern und Schwächen verstanden wird. Als religionspädagogische Aufgabe stellt Ziegler heraus, den Jugendlichen ein angemessenes Verständnis der Gottessohnschaft Jesu bzw. seiner Verbindung zu Gott zu ermöglichen. *Zum Dritten* ist für Jugendliche das ihnen oft begegnende Bild von Jesus als einem Moralprediger und weltfremden Asketen ein großes Problem. Dies steht gegen ihre Erwartung einer befreienden und realistischen Ethik. Auf Jugendliche, für die das Spaß-Haben von zentraler Bedeutung ist, wirkt das vielfach begegnende Bild von Jesus als einem asketischen (Moral-)Prediger wenig einladend. Hier wäre die Aufgabe zu vermitteln, dass der Jesus-Glaube und die Freude am Leben keine unvereinbaren Gegensätze darstellen. Dass Jesus mit Zöllnern und Prostituierten Feste gefeiert hat, dass man ihn gar als „Fresser und Weinsäufer" (Mt 11,19) denunzieren konnte, zeigt, dass das hergebrachte Jesusbild durchaus einseitig ist. *Zum Vierten* wird die Existenz Jesu selbst infrage gestellt. Auslöser hierfür sind einmal die Elemente der Jesus-Überlieferung, die im Widerspruch zu einem (einseitig) rational-naturwissenschaftlichen

Weltbild stehen. Dies gilt besonders für die Wundertaten Jesu, dann überhaupt für die große zeitliche Distanz zwischen Jesus und den Menschen heute und bedeutet schließlich, dass Jesus in den Verdacht gerät, nichts anderes zu sein als eine menschliche Projektion für die Hoffnungen und Wünsche der Menschen. *Zum Fünften* haben die Jugendlichen die Erwartung an das glaubwürdige Zeugnis von Jesus und auch an die weltverändernde Kraft und Relevanz des Christus-Glaubens. Häufig erleben sie aber abschreckende Beispiele. Andersherum gesehen werden gerade die positiven Erfahrungen in der christlichen Gemeinschaft mit Gleichaltrigen für manche Jugendlichem zu einem „Existenzbeweis Jesu". Sehr negativ fällt das Urteil der Jugendlichen über die Kirche aus. Sie messen ihre Geschichte und Gegenwart an den von Jesus gesetzten Maßstäben. Wichtig ist, „dass ohne Ermutigung durch positive Glaubensvorbilder und eine Unterstützung und Begleitung durch signifikante Andere der Glaube an Jesus für die Jugendlichen in der heutigen Welt keine Relevanz zu gewinnen vermag". *Zum Sechsten* gehen die Jugendlichen eher von einem alle Menschen umfassenden Heilswillen Gottes aus und haben Schwierigkeiten mit einem soteriologischen Exklusivitätsanspruch Christi. Nur etwa von einem Drittel der befragten Jugendlichen wird die soteriologische Bedeutung Jesu genannt: „die klassische ‚Heilsfrage' nach eschatologischem Gerettet- oder Verloren-Sein ist für die meisten Jugendlichen deshalb keine existenzielle Frage, weil sie einfach erwarten, dass ein liebender Gott alle Menschen rettet und dass es nach dem Tod ‚irgendwie' weitergeht." Als Ausweg aus den konkurrierenden Wahrheitsansprüchen scheint für viele der allgemeine Glaube an einen unbestimmten Gott zu sein.

Religionspädagogisch ist nach Ziegler hier dreierlei geboten. Einmal sollte gezeigt werden, dass und wie nicht nur das Christentum, sondern auch Judentum und Islam sich mit Jesus beschäftigen. Zum anderen sollten aus einer Perspektive einer Theologie des interreligiösen Dialogs Wege gesucht werden, die deutlich machen, „wie das Heilsgeschehen in Jesus als ein zwar nicht von allen Menschen geglaubtes, aber von Gott allen Menschen zugedachtes und zugeeignetes

Geschehen verstanden werden kann". Schließlich sollte bei den Jugendlichen die Wahrheitsfrage wach gehalten bzw. geweckt werden, weil sie ein wesentliches Element für den religiösen Dialog darstellt. Zum Schluss stellt Ziegler Defizite bei der Behandlung von Jesus Christus in den gymnasialen Lehrplänen fest und fordert „auf der Grundlage von kognitiv und entwicklungspsychologisch gedeuteten empirischen Befunden ein christologisch orientiertes Kerncurriculum zur Gottesfrage". Dabei ist der Dialog mit neueren christologischen Ansätzen in der Theologie zu suchen.

Zieglers Ergebnisse sind z.T. kompatibel mit denen von Matthias Lorentz[15], der bei Konfirmandengruppen Gruppendiskussionen über eine Dilemmageschichte[16] durchführte, bei der es um die Frage ging, ob man zu Jesus überhaupt, weil er „mehr als ein Mensch" ist, beten könnte oder nur zu Gott, weil „Jesus ein Mensch [war], nicht mehr oder nicht weniger".

Lorentz stellte fest[17], das ein Großteil der Jugendlichen das christologische Problem gar nicht erkennt, ein kleinerer Teil die Formulierung „Jesus ist mehr als ein Mensch" aufnimmt und sie mit der Rede von der Gottessohnschaft ergänzt, ohne dies weiter zu vertiefen. Nur in einer Gruppe wird über das Verhältnis Jesu Christi zu Gott vertiefend nachgedacht und christologisch produktiv reflektiert.

Ebenfalls mit der Christologie Jugendlicher beschäftigt sich *Robert Schuster* in seinem Beitrag „Jesus in schriftlichen Äußerungen Jugendlicher". Er untersucht dabei Texte, die Jugendliche in beruflichen Schulen in Württemberg zwischen 1994 und 1999 verfasst haben. Den Jugendlichen waren Vorgaben wie z.B. „Wer war Jesus?" „Wer ist Jesus für uns?" „Was bedeutet Jesus für uns/ für mich?" gemacht worden. Schuster geht es dabei einmal darum, die Tradition über Jesus aufzunehmen, wie sie bei den Schüler/innen gegenwärtig ist und zum

---

15 Vgl. Lorentz (2000), a.a.O., 181–252.
16 Vgl. Ders., a.a.O., 233.
17 Vgl. Ders., a.a.O., 247f. Lorentz spricht (247) selbst davon, dass seine Dilemmaformulierung die christologische Frage nur ungenau getroffen hat.

anderen, deren Stellungnahme zu dieser Tradition zur Sprache zu bringen. Am Schluss steht eine Reflexion zum Thema Glauben. Schuster bringt dabei immer wieder längere oder kürzere Passagen aus den Schüleräußerungen als repräsentative Beispiele. Sein Bemühen ist, „individuelle Äußerungen Jugendlicher zur Person Jesus *als Rede* Jugendlicher eingehender zu verstehen." Die Äußerungen der Schüler/innen sind zunächst Darstellungen und keine Bekenntnisse. Keineswegs darf deshalb von vornherein gefolgert werden, dass die Jugendlichen diese Äußerungen selbst auch glauben.

In Bezug auf das Leben Jesu ist den Schüler/innen vor allem die Weihnachtsgeschichte präsent. Sie ist die Agende des großen Festes, die ihnen oft genug erzählt worden ist. Ihre Jesusdarstellungen begrenzen sich, anders als das Credo, stark auf das irdische Leben Jesu. Es sind „Stenogramme eines Menschenlebens zwischen Geburt und Tod." Das wichtigste Werk seiner Sendung ist nach ihrer Ansicht, *„die Menschen zum Glauben zu bringen"*.

In Bezug auf das Handeln Jesu erinnern die Jugendlichen an die Heilungen Jesu. Doch gehören zur „Klientel des Helfers" nicht nur die Kranken, sondern auch „die Armen, Schwachen, Hungernden, Alten, Traurigen". Beim Tod Jesu würdigen viele Jugendliche das „für uns": *„Dass Jesus für alle Menschen gestorben ist und zwar nicht nur für die Gläubigen, sondern für alle."*[18] Vielfach endet mit dem Kreuzestod Jesu die Darstellung des Lebens Jesu. Nur wenige sprechen von der Auferstehung und nur Einzelne teilen mit, wie das Osterzeugnis zu verstehen ist, etwa so, dass Jesus dem Tod entgegengetreten sei, der allen Menschen droht. Es ist vornehmlich in den Augen der Jugendlichen „die *bessere Welt*, die Jesus bringe wollte, vor allem durch den *Frieden*, der unter den Menschen herrschen sollte".

Die Jugendlichen nehmen in ihren Beiträgen auch Stellung zu dem, „was Jesus uns selbst oder ihnen selbst bedeutet". Es sind individuelle Äußerungen, wobei es durchaus Perspektiven gibt, die sie mit anderen teilen. Vielfach betonen sie, dass

---

18 Siehe Seite 154 in diesem Band.

sich die heutige Zeit Jesus gegenüber entfremdet hat, nicht zuletzt deshalb, weil es *„uns einfach zu gut"* geht. Die Geschichten Jesu werden vielfach kritisch aufgenommen, vor allem die Wundergeschichten. Ähnliche Beobachtungen machte auch Tobias Ziegler bei den von ihm untersuchten Äußerungen von Gymnasiasten.[19] Andererseits begegnen immer wieder Voten von Jugendlichen, die zeigen, wie die Geschichten den Jugendlichen entgegenkommen. Sie treten für sie „für *Gott* ein, von dem wir nichts wissen, der uns fern ist, von dem *keiner weiß, ob es ihn in Wirklichkeit gibt*".[20] Immer wieder stellen die Jugendlichen die Mitmenschlichkeit Jesu heraus. Schuster bilanziert: „In den Voten zur Humanität Jesu spricht sich vermutlich die weiteste gemeinsame Möglichkeit aus, die Jugendliche haben, Jesus in seinem ‚Heute-noch' für ihre Gegenwart zu erinnern."

Bestimmte Voten der Jugendlichen können als Bekenntnisse bezeichnet werden. Jesu Tod für uns wird gerade in diesen Bekenntnissen immer wieder angesprochen. Darin bekunden Jugendliche, dass Jesus für sie da ist, dass sie sich ihm anvertrauen und dass sie zu ihm beten können. „Die wichtigste Möglichkeit, sich der Gegenwart Jesu zu vergewissern, ist für sie, ihn selbst im Gebet anzusprechen".

Die Äußerungen der Jugendlichen zu Jesus – so in der Schlussüberlegung Schusters „zum Thema Glauben" – können als „Spiegel einer sich vollziehenden Individualisierung und Privatisierung von Religion mit regionalen Besonderheiten" angesehen werden. Als gemeinsamen Horizont der Aufnahme der Jesus-Tradition kann „die gemeinsam erlebte Alltagswelt und die profane Welt, in der sie leben" angesehen werden. Das gemeinsame Thema bei allen Äußerungen zu Jesus ist die Zumutung des von ihnen selbst so bezeichneten Glaubens. Glauben bedeutet dabei „die Zumutung, Gott als Schöpfer und Vater mit unserer Welt und uns allen *zusammenzusprechen*". Jesus „vertritt für viele Jugendliche, ... die an ihn glauben, Gott selbst". Schuster stellt zum Schluss noch einmal das problematische Verhältnis Jugendlicher zum Glauben an Gott wie

---

19 Vergleiche Seite 120.
20 Siehe Seite 170.

an Jesus heraus, wie es vor allem in den Fragen der Jugendlichen in den Texten zum Ausdruck kommt. Für manche Jugendliche verbindet sich das Glaubensthema mit dem für sie lebensbestimmenden Thema der Liebe. Schuster zitiert eine Äußerung:

*„Was es am ehesten trifft, ist, dass Gott und Liebe ein
und derselbe Begriff sind.
Ohne Gott gäbe es keinen Glauben
ohne GLAUBE gäbe es keine Liebe
ohne LIEBE gäbe es keinen Gott!".*

Fragt man nach der Christologie der Jugendlichen, so kann man aufgrund der vorgelegten Texte sagen: „Dass Jesus Gott, seinen Vater den Menschen durch die Praxis seiner Menschenliebe glaubwürdig machen wollte, das ist wohl der weitreichendste gemeinsame Grundriss einer Christologie Jugendlicher."

Religionspädagogische Konsequenzen

Folgt man der Logik des Beitrages von Judith Brunner, dann wird man zu Recht die Bedeutung biblischer Geschichten herausstreichen. Diese bilden – gerade in erzählter Form – die Basis jeglicher eigener Christologie. Dies zeigen nicht zuletzt die Reminiszenzen älterer Schüler/innen, wie etwa Robert Schusters Beitrag zeigt.[21] Prinzipiell wird dabei der ganze Jesus-Stoff der Evangelien als Erzählanlass und -material dienen können. D.h. neben den Erzählungen aus dem Weihnachts-, Passions- und Osterkreis wird man besonders Wundergeschichten auswählen und – wegen der entwicklungspsychologischen Einschränkungen – erste Gleichnisse.[22] Dabei

---

21 Vgl. auch Kliemann, P./ Rupp, H. (2000): Tausend Stunden Religion. Wie junge Erwachsene den Religionsunterricht erleben. Stuttgart.
22 Diese Akzentsetzung steht in krassem Widerspruch zum GS-Lehrplan in NRW, wo Gleichnisse wie Mt 20,1-15 bereits für die 3. Klasse vorgesehen sind, dafür Wundergeschichten erst in der 4. unter der theologischen Prämisse „Die Verkündigung der Gemeinde: Jesus ist unser Herr!". [Ministerium für Schule und Weiterbildung des Landes NRW (1985), 34ff.] Zur Problematik des Gleichniseinsatzes in der Grundschule vgl.

sollte den Schüler/innen immer wieder die Möglichkeit eingeräumt werden, spekulativ theologische Deutungen dessen vorzunehmen, was ihnen in diesen Jesus-Perikopen begegnet. Das von Heike Liebold skizzierte Vorgehen kann dabei als Modell dienen.[23] Die Zeit der Sekundarstufe I ist stark bestimmt von der *Subjektivierung* der Unterrichtsinhalte. So zeigen Schüler/innen in der Regel mehr Interesse daran, zu bedenken, „wer dieser Jesus *für sie* sein könnte" als an der Frage historischer Bestätigungen.[24] Der Beitrag von Schuster zeigt, dass die Schüler/innen sich vor allem von „Vorgesprochenem" abzusetzen versuchen. Hier wird die starke Tendenz zur Individualisierung wie auch zur Privatisierung von Religion spürbar: „Sie wollen, was immer sie sagen können und sagen wollen, mit *eigener* Stimme sprechen." Die Schüler/innen sollten deshalb nicht auf traditionelle Formulierungen festgelegt werden; sie sollten zu eigenen Neuformulierungen ermutigt werden. Gerade der Beitrag Schusters macht deutlich, wie die Schüler/innen zu schöpferischen Neuformulierungen fähig sind. Eine Hilfe zu solchen bieten Versuche von Dorothee Sölle, Kurt Marti u.a., das Credo neu auszusprechen.

Dies bedeutet, dass den beliebten Unterrichtseinheiten zu Zeit und Umwelt Jesu[25] solche zur Seite zu stellen sind, in denen es gerade um die Konstruktion von eigenen „Christologien" geht. Das bedeutet einmal, den Schüler/innen Gelegenheit zu geben, ihre eigenen Vorstellungen zu artikulieren

---

Büttner, G.; Heiligenthal, R.; Müller, P.; Thierfelder, J. (2001): Vom Himmel erzählen – Gleichnisse Jesu im Religionsunterricht. Stuttgart (im Ersch.).

23 Wir erinnern hier nur an die methodischen Überlegungen zum Philosophieren bzw. Theologisieren mit Kindern: Matthews, G.D. (1991): Denkproben. Philosophische Ideen jüngerer Kinder. Berlin; Büttner, G./Rupp, H. (Hg.) (2001): Theologisieren mit Kindern. Stuttgart u.a. (im Ersch.).
24 So formulierten Siebtklässler die Aussage, dass es darauf ankäme, dass eine Wundergeschichte Jesu ihnen *heute* Trost und Hoffnung geben könne. Ob sie sich historisch so ereignet hätte, sei dem gegenüber sekundär. Büttner, G. (2000): Warum erzählen wir heute neutestamentliche Wundergeschichten? Lebendige Katechese (22) 2000, 1, 39-42.
25 Vgl. etwa in den Schulbüchern von Kraft, G. u.a. (Hg.) (1997): Kursbuch 2000 5/6. Stuttgart & Ffm, 144ff und Büttner, G. u.a. (Hg.) (1996): SpurenLesen 5/6. Stuttgart u.a., 119ff.

und ihre Artikulationen dem Gespräch in der Klasse auszusetzen. Dabei erscheint es uns als zentrale Aufgabe, die Fixierung auf die Geschehnisse der Vergangenheit aufzubrechen und zu thematisieren „Wer Jesus Christus für mich/ uns heute sein kann".[26] Letztlich kann man diese Frage nach der *Relevanz* im Unterricht sinnvollerweise nicht aussparen. Dies ermöglicht einerseits durchaus tastende Antwortversuche, die in ihrer fragmentarischen Gestalt legitim und wichtig sind. Doch führt diese Frage letztlich auch zur Gebetsthematik, weil dort die Fragen von aktueller Hoffnung und der Möglichkeit eines „göttlichen" Gegenübers kulminieren. Damit verschiebt sich die Fragestellung vom Menschen Jesus auch zwangsläufig hin zu seiner göttlichen Prädikation.[27] Die Gebetsthematik ermöglicht im Zusammenhang mit der Person Jesu Christi damit zweierlei: Sie trägt der Tendenz der Jugendlichen Rechnung, ihr Verhältnis zu Christus subjektiv zu definieren.[28]

Es spricht zweitens aber gleichzeitig viel dafür, die Schüler/innen der Sek I und Sek II (mit Einschränkungen auch schon früher) mit Modellen der Dogmen- und Theologiegeschichte vertraut zu machen. Sie erfahren dadurch, dass und wie sich bereits andere vor ihnen darüber Gedanken gemacht haben, wie sie diesen Jesus begreifen können. Von daher spricht viel dafür, die christologischen Entwürfe vor und nach Chalcedon in angemessener Weise unterrichtsfähig zu machen.[29]

---

26 Vgl. Moltmann, J. (1994): Wer ist Christus für uns heute? Gütersloh (KT 129).
27 In dem Schulbuch SpurenLesen 5/6, a.a.O., 128 wird deshalb bewusst einer Geschichte über das Auffinden eines Bootes aus der Zeit Jesu die Perikope Mk 4,35ff gegenübergestellt, wo eine romanische Buchmalerei verdeutlicht, dass es sich hier um ein Geschehen nicht (bloß) historischer Natur handelt, sondern um ein Eingreifen des Göttlichen in die Welt.
28 Ebeling, G. (1987): Dogmatik des christlichen Glaubens Bd. 1. 3.A. Tübingen, 193, hat deshalb auch zu Recht „das Gebet als Schlüssel zur Gotteslehre" bezeichnet, weil der subjektive Zugriff in einer Art Gottesbeweis sich seines Gegenübers versichert. Dasselbe kann man natürlich auch in Bezug auf den Christus formulieren.
29 Wie so etwas etwa für die Frage des freien bzw. unfreien Willens für eine 5. Klasse aussehen könnte, haben wir dokumentiert in Büttner/ Rupp (2001), a.a.O.

Dabei können die Schüler/innen merken, dass jede Festlegung, sei sie auf der Seite der göttlichen Natur, sei sie auf der Seite der menschlichen Natur Christi, Konsequenzen hat. Wenn Jesus nur der vorbildhafte Morallehrer war, dann kann ich mich an ihm orientieren, aber keine Hilfe erwarten, wenn ich ihn in der Not anrufe. Erwarte ich, dass Jesus auch heute noch *helfen* kann, dann kann dies nur sein, wenn er Anteil hat an Gott. In dieser, gleichsam verflüssigten Form, werden dogmatisch-theologische Aussagen auch für die Schüler/innen wieder spannend, wie nicht zuletzt das neuerliche Interesse an philosophischen Fragestellungen zeigt.

Besonders der Beitrag von Tobias Ziegler macht deutlich, dass im Jugendalter, präziser vielleicht nach dem Übergang vom konkret-operatorischen zum fomal-operatorischen Denken im Sinne Piagets, in der synthetisch-konventiellen Glaubensphase nach Fowler, das eigene Weltbild die biblischen Geschichten nicht mehr stützt, sondern infrage stellt. Die dadurch veranlasste Unsicherheit wird dadurch gelöst, dass sich die Jugendlichen in ihrer jeweiligen Bezugsgruppe die Unterstützung für ihr Verständnis von Jesus Christus holen. Dies erklärt die von Ziegler formulierte Schwierigkeit, über die Grenzen der jeweiligen Bezugsgruppe hinaus zu denken. Folgt man Fowlers Entwicklungsmodell, dann spricht vieles dafür, die oben skizzierte Vorgehensweise auch im Lichte dieser Problematik zu empfehlen, nämlich die Akzentsetzung auf die je eigene Christologie.[30] Dabei können über die oben angesprochenen Hinweise zum Credo hinaus die zahlreichen Versuche hilfreich sein, die Erfahrungen und Hoffnungen gegenüber Jesus Christus in literarischer, poetischer oder künstlerischer Form auszudrücken.[31]

Ein Desiderat, das auch diese Studie nicht befriedigend zu erfüllen vermag, ist der soteriologische Aspekt. Hier spiegeln die

---

[30] Die Fowler'sche Zielperspektive wäre der individuierend-reflektierende Glaube, der sich zunehmend mit den Vorgaben der jeweiligen Bezugsgruppe kritisch auseinanderzusetzen erlaubt.

[31] Im baden-württembergischen Lehrplan finden sich deshalb Unterrichtseinheiten zu *Christusbildern* z.B. in Bezug auf die Passion oder die ökumenischen Zugange zur Christologie.

Äußerungen von Jugendlichen wahrscheinlich eine allgemeine Irritation wieder.[32] Interessanterweise gerät die soteriologische Fragestellung bei einer allgemeinen Befragung zum Thema Jesus Christus nur noch sehr bedingt in den Blickwinkel. Wir vermuten deshalb, dass zu dieser Fragestellung eigenständige empirische Forschungen unternommen werden müssen.[33] Als Hypothese, die wir gerade unterrichtlich überprüfen, kann man annehmen, dass eine Thematisierung des „für uns" des Kreuzestodes Jesu sich nur erschließt in der Frage nach unserem Geschick nach dem Tode. Wenn sich diese Annahme erhärten und präzisieren lässt, dann wird man diesen Aspekt unterrichtlich auch so einzubringen haben.

Will man ein Resümee unserer Ausführungen ziehen, dann dieses. Die starke Fokussierung auf den „historischen Jesus" einerseits und die Propagierung neutestamentlicher „Einleitungsfragen" andererseits, wie sie den Religionsunterricht stark prägen, finden in den Fragestellungen der Schüler/innen nur bedingt eine Entsprechung. Eine zukünftige Lehrplanentwicklung sollte dem dadurch Rechnung tragen, dass sie sich in verstärktem Maße von systematisch-theologischen Gesichtspunkten zur Christologie leiten lässt. In welcher Weise dies geschehen könnte, haben wir oben zumindest angedeutet.

---

32 Gipfelnd in der von Ix, I. (1997): Jesus – reinste Pansche oder einzige Chance?, 251. In Laufen, L.R. (Hg.): Gottes ewiger Sohn. Die Präexistenz Christi. Paderborn u.a., 239-258 überlieferten Formulierung einer Jugendlichen, sie könne nicht verstehen, „wieso vor zweitausend Jahren wegen meiner kleinen Sünden jemand hingerichtet wurde".

33 Blümm, A./Büttner, G. (1998): „... es ist Gott vielleicht nicht leichtgefallen, seinen einzigen Sohn zu opfern". Wie Schüler/innen der Klassen 4 bis 8 den Tod Jesu sehen. entwurf 1/98, 35-37, haben Schüler/innen dazu in einer kleinen schriftlichen Befragung untersucht, „warum Gott Jesus leiden und sterben ließ." Neben dem eher auswendig gelernten „für unsere Sünden" kamen interessante Überlegungen, aus denen aber noch keine didaktische Strategie abgeleitet werden kann.

*„Der Jesus kann auch gut mit Kindern umgehen"*

Christologie der Vorschulkinder

JUDITH BRUNNER

Vorschulkinder kennen Jesus nur als Kind in der Krippe – so lautet das Fazit einer Studie, die sich zur Aufgabe gemacht hatte, die Strukturen des Gottes- bzw. Jesusbildes von 240 kleinen Frankokanadiern zu untersuchen.

Obwohl das Projekt im Herbst stattfand und damit die Weihnachtsgeschichte im Kindergartenalltag nicht aktuell präsent war, sahen die kleinen Probanden in Jesus hauptsächlich ein Baby, ein kleines Kind.[1]

Die frankokanadische Studie wurde 1961 veröffentlicht. Seither ist keine vergleichbare Untersuchung durchgeführt worden.[2]

---

1 Mailhiot, B. (1961): Et Dieu se fit Enfant. In Lumen Vitae 16 (1961), 299 Dans la plusplupart des cas, 86%, les enfants ont commencé par dessiner une croix; puis, invités à raconter une histoire, ils ont dessiné un bébé.
2 1977 wurde in Hamburg von Longhardt/Urbach eine Umfrage über das Jesusbild von Kinder durchgeführt – die Altersdifferenzierung ist bei dieser Studie nur sehr grob vorgenommen worden: Für die vier- bis neunjährigen Kinder waren offenbar die von Jesus vollbrachten Wunder das Entscheidende. Jesus ist für sie interessant: „... weil er Wunder macht" „... weil er Kranke heilt"/„... weil er Wunder zeigt"/„... weil er Tote auferweckt"/„weil alle staunen, wenn er heilt" usw. Longhardt, W./Urbach, G. (1980): Abschlussbericht zur Umfrage über das JESUS – Bild heutiger Kinder. In Was + wie? (9) 1980, 1, 39.
Auffällig war bei Kindern dieser Altersstufe auch, dass Jesus einer starken Konkurrenz mit Fernsehstars und -leitbildern ausgesetzt war und nicht selten den Kampf gegen diese verlor: „Die Comic-Figuren sind besser, weil sie mehr machen..."/„... Peter Alexander ist lustiger"/„... Kimba kann mehr als Jesus"/„... bei Dick und Doof kann man mehr lachen, das ist besser". Longhardt/Urbach (1980), a.a.O., 39.

Zwar bilden in der Religionspädagogik entwicklungspsychologische und sozialisationstheoretische Forschungsergebnisse einen immer wichtigeren Bezugspunkt für die Theorienbildung, nimmt man aber die Forschungslage genauer unter die Lupe, so muss man leider feststellen, dass es zur christlichen Erziehung im Elementarbereich kaum (aktuelle) empirische Studien und Literatur gibt.[3]

Wie aber gestaltet sich die Jesusvorstellung heutiger Vorschulkinder? In welchem Kontext spielt Jesus für sie eine Rolle? Lassen sich entwicklungspsychologische Besonderheiten in den Jesusbildern wieder entdecken? Wenn ja, wie äußern sich diese?

Auf diese Fragen versuchte ich 1998 im Rahmen meiner wissenschaftlichen Hausarbeit Antworten zu finden:
176 Kinder im Alter von drei bis sechs Jahren wurden gebeten, ihr ganz persönliches Jesusbild zu malen. Mithilfe ihrer Zeichnungen und Aussagen, die die Grundlage der empirischen Arbeit bildeten, sollte versucht werden, das Jesusbild heutiger Vorschulkinder zu skizzieren.

Eine weitere wichtige Fragestellung ergibt sich aus der 1961 veröffentlichten frankokanadischen Untersuchung, nämlich inwiefern sich das Jesusbild heutiger Vorschulkinder mit dem der kleinen Frankokanadier vor knapp vierzig Jahren deckt oder davon abweicht.

---

3 Schweitzer und Fincke vermerken in einem Aufsatz Folgendes als Fußnote: „Eine empirische Untersuchung zur religiösen Erziehung im Elementarbereich liegt u.W. nicht vor." Schweitzer F./ Fincke, A. (1998): Wie religiös sind die Konfirmandinnen und Konfirmanden? In Comenius-Institut in Verbindung mit dem Verein KU-Praxis (Hg.): Handbuch für die Arbeit mit Konfirmandinnen und Konfirmanden. Gütersloh, 64.
Was den deutschsprachigen Raum angeht, so ist diese Aussage sicherlich korrekt. Jedoch wäre an dieser Stelle eine Studie, die Martin Schreiner durchführte, zu erwähnen. Er untersucht das Gottesbild der Vorschulkinder anhand von Kinderzeichnungen: Schreiner, M. (1998a): Gottesbilder im Vorschulalter. Eine empirische Studie mit enzyklopädischen Aspekten für den Elementarbereich. In Ritter, W./Rothgangel, M. (Hg.): Religionspädagogik und Theologie. Enzyklopädische Aspekte. FS zum 65. Geb. für Prof. Dr. Wilhelm Sturm. Stuttgart u.a. 264–279.
Im „Handbook of Preschool Education" (1988) Burmingham, 59-81, geben Tamminen, K. u.a. einen Überblick über „The Religious Concepts of Preschoolers" und gehen auf einige Studien, die vor 1988 erstellt

Alle frankokanadischen Kinder waren im Alter zwischen 3;11 und 5;4 Jahren und kamen aus praktizierenden katholischen Elternhäusern. Die Untersuchung bediente sich projektiver Methoden.[4]

In der Vorstellungswelt der kleinen Frankokanadier kam Jesus ausschließlich als Kind vor; weder Jesus als Mann, noch Jesus in der Dreifaltigkeit kamen zum Tragen.

> Les histoires individuelles. Une constante: les histoires obtenues par le moyen des 8 premières images (dont 4 représentaient Jésus bébé et 4 Jésus enfant) ont en grande majorité un caractère religieux: 92% exactement. Les histoires, obtenues par le moyen des 6 autres images (dont 4 représentaient Jésus adolescent, une Jésus homme et la dernière la Saint-Trinité) doivent être classées nettement comme histoires profanes dans la presque totalité des cas: 97%.[5]

Jesus ist für diese Vorschulkinder einerseits ein Kind, das ihnen gleicht, Eltern hat und auf diese auch angewiesen ist, andererseits ist Jesus aber auch ein ihnen ungleiches Kind, ein Kind, das anders ist als sie, das mit übersinnlichen und magischen Kräften ausgestattet ist, dessen Eltern es anbeten und bewundern. Jesus ist in den Augen dieser Kinder ein Modellkind, ein Kind „par excellence". Dass Jesus auch erwachsen war, Wunder tat, den Menschen von Gott erzählte, am Kreuz starb und wieder auferstand ist für sie nicht wichtig – Jesus ist für sie ausschließlich Kind.

> Jésus: un enfant qui leur ressemble et qui leur est different, l'enfant par excellence.[6]

---

wurden, ein. Festzuhalten bleibt: „[…] the younger the children, the fewer the studies, so that there are relatively few about preschool children." Hyde, Kenneth E. (1990): Religion in Childhood and Adolescence. A Comparativ Review of the Research, Burmingham, Alabama, 98.

4 1. Die Kinder erhielten den Auftrag, ein Bild von Gott und dann ein Bild von Jesus zu malen. Haben die Kinder ein Bild fertig gezeichnet, sollten sie eine Geschichte dazu erzählen. 2. Den Kindern wurden 14 Bilder in folgender, chronologischer Reihenfolge vorgelegt: Jesus als Baby, Jesus als Kind und Jesus als Jugendlicher (jeweils allein, mit Joseph, mit Maria, mit Maria und Joseph), Jesus als Mann und Jesus in der Dreieinigkeit. 3. Die Kinder formulierten eigenständig Gebete.
5 Mailhiot (1961), a.a.O., 299.
6 Ders., a.a.O., 302.

Die Auswertung der Untersuchung von 1998 wird zeigen, ob sich dieses Jesusbild der Vorschulkinder halten kann.

Das Vorschulalter umfasst das vierte, fünfte und sechste Lebensjahr eines Kindes.[7] Während das Kleinkind noch sehr stark auf die primären Bezugspersonen, die im Normalfall die Eltern sind, fixiert ist und sich seine ersten sozialen Kontakte zu anderen Kindern auf die Geschwister, falls vorhanden, beschränkt, so ist das Leben des Vorschulkindes von weiteren, neuen Interaktionsformen geprägt: dazu gehören der Kindergartenalltag, der für die meisten der Jungen und Mädchen nun beginnt und die sich daraus ergebenden freundschaftlichen Kontakte zu Gleichaltrigen.

Die neue Lebenssituation und die damit verbundenen Erfahrungen helfen dem Kind, sich weiterzuentwickeln und zu entfalten.

Das Fühlen, Handeln und Denken der Vorschulkinder ist von anderer Qualität als das der älteren Kinder, der Jugendlichen und Erwachsenen. Aus der Erwachsenenperspektive vermag das Kind vieles noch nicht zu durchschauen und begreift Dinge anders.

Hier gilt es, das Kind ernst zu nehmen, „seine Eigenständigkeit und Andersheit"[8] zu akzeptieren und zu respektieren. Nur so kann dem Kind „Entwicklungshilfe" gegeben werden.

Allerdings ist es wichtig, die Hintergründe dieser „Eigenständigkeit und Andersheit" zu kennen. Dazu verhelfen entwicklungspsychologische Erkenntnisse. Diese haben vermutlich auch Einfluss auf das Jesusbild der Kinder und spiegeln sich in diesem wider.

Mithilfe dieser Erkenntnisse lassen sich Vermutungen äußern, wie sich das Jesusbild der Vorschulkinder gestalten könnte:[9]

---

7   Vgl. Ratcliff, D. (Hg.) (1988): Handbook of Preschool Religious Education. Birmingham, Alabama, 3.
8   Bucher, A. (1995b): Das Kind: gefügiges Wachs – ein engelgleiches Wesen? Die Anthropologie des Kindes als Grundlagenteil religiössittlicher Erziehung. In E. Groß (Hg.): Der Kinderglaube. Perspektiven aus der Forschung und Praxis. Donauwörth, 15.
9   Anregungen und Informationen für die folgenden Vermutungen entnahm ich: Bucher, A. (1989): „Wenn wir immer tiefer graben... kommt vielleicht die Hölle." Plädoyer für die erste Naivität. In Kat.Bl. (114).

◯ *Jesus könnte in der Phantasiewelt der Kinder existieren.*
Das Merkmal des intuitiv-projektiven Glaubens (James W. Fowler), ist das phantasieerfüllte Denken des Kindes: Von der Imagination werden langanhaltende Vorstellungen, Bilder und Gefühle herausgebildet, die sowohl bedrohliche als auch beschützende Mächte, die um das Kind sind, widerspiegeln.[10]

Zwischen diesen guten und bösen Mächten wird in der bunten und schillernden Phantasiewelt des Vorschulkindes sehr genau unterschieden. Dass z.B. Jesus hier die Funktion des Guten übernehmen kann, verdeutlicht folgendes Beispiel, das „die Vorstellungswelt eines im ländlichen Raum aufwachsenden Theologenkindes"[11] reflektiert:

> Als mein Sohn Felix vier Jahre alt war, spielten Hauptrollen in seiner Vorstellungswelt: „der Bauer", „der Förster", „Jesus", „die Soldaten", „die Wildschweine". In den von ihm immer wieder entworfenen dramatischen Szenarien hatte der gute Jesus (den die bösen Soldaten zwar „totgemacht" hatten, der nichtsdestoweniger aber sehr gegenwärtig war) zum Beispiel dafür zu sorgen, dass der Förster (dem guten Bauer zu Hilfe eilend) die bösen Wildschweine zur Strecke brachte (die für Felix geradezu die Inkarnation des Bösen und Unheimlichen waren).[12]

Jesus wird hier ganz selbstverständlich mit in die Phantasiewelt, für die das logische Denken nicht existent ist, aufgenommen und gleichberechtigt neben anderen Figuren eingereiht. Ihm kommt die Funktion des guten und edlen Retters zu.

Dort, wo Kinder an die Grenzen ihres kognitiven Verstehens stoßen, schalten sie ganz automatisch ihre Phantasie ein, und es entsteht eine imaginäre Bilderwelt. Auch wenn Kinder mit Fragen des christlichen Glaubens konfrontiert werden und selber nicht christlich sozialisiert sind, fällt es ihnen offenbar nicht schwer, mithilfe ihrer Phantasie auf kreative

---

10 Fowler, J.W. (1991): Stufen des Glaubens. Gütersloh, 150.
11 Vgl. Englert, R. (1992): Stationen der Jesus-Begegnung. In Diakonia 23, 39.
12 Englert (1992), a.a.O., 39.

Weise die vorhandenen Wissenslücken zu schließen. Helmut Hanisch bezeichnet diese Form der Phantasie: *Märchenhafte Phantasie*.[13]

◉ *Jesus könnte seinen Platz neben den imaginären Begleitern finden.*

Bedeutsam werden im Vorschulalter Symbolgestalten, wie der Nikolaus, der Schutzengel und so genannte „Imaginäre Begleiter"[14]. Diese Figuren helfen dem Kind, Vorgänge, die es nicht verstehen kann, plausibel zu erklären. Bruno Bettelheim spricht sich sehr deutlich dafür aus, die Magie in der Kinderwelt zu akzeptieren und sie auf gar keinen Fall zu ersticken: „Das kleine Kind braucht den Glauben an die Magie, und es braucht sein magisches Denken (wie zum Beispiel den Glauben an seinen Schutzengel oder eine gute Fee), um seine Angst zu binden und seine Hoffnungen auf kommende Freuden (wie Santa Claus und den Osterhasen) immer wieder neu zu entfachen und sich zu erhalten. Nur dann kann es mit der Realität fertig werden."[15]

Das Vorschulkind zeigt großes Interesse an allem, was sich als mystisch und geheimnisvoll erweist.

So erstaunt es nicht, wenn Kinder im Vorschulalter eine große Aufmerksamkeit und Faszination für Jesus als den Wundertäter entwickeln.[16] Jesus wird in die Reihe der dem

---

13 Vgl. Hanisch, H. (1998): „Wenn eine Wolke vorbeizieht, könnte ich mir vorstellen, dass er da auf die Erde guckt und sich denkt: ‚Nanu, was ist denn da los…'". Die schöpferische Kraft der religiösen Phantasie von Kindern. In ru. Ökumenische Zeitschrift für den Religionsunterricht (28) 1998, 3, 86.
14 Vgl. Bucher, A. (1989), a.a.O., 659.
15 Bettelheim, B. (1987): Ein Leben für Kinder. Erziehung in unserer Zeit. Stuttgart, 388. Bettelheim gibt weiterführend zu bedenken: „Kinder, denen man zu früh sagt, es gebe keinen Santa Claus, und die nicht mit Märchen, sondern mit realistischen Geschichten aufgezogen wurden, glauben, wenn sie das College besuchen, häufig an Astrologie und vertrauen darauf, dass das I-Gong Antworten für Lebensprobleme bereithält oder dass Tarotkarten die Zukunft voraussagen. Der Adoleszent, der sich dem magischen Denken hingibt, versucht auf diese Weise nachzuholen, was er allzu früh aufgeben musste." Bettelheim (1987), a.a.O., 338.
16 Vgl. Longhardt/Urbach (1980), a.a.O., 39.

Kind schon bekannten Märchengestalten, der TV-Helden, der magischen Symbolfiguren (Nikolaus, Schutzengel, Osterhase,...) und der „imaginären Begleiter" selbstverständlich mit aufgenommen.

○ *Jesus könnte aufgrund des egozentrischen Weltbildes des Kindes in dessen Gedankenwelt assimiliert werden.*
Nach Auffassung J. Piagets ist das Weltbild des Kindes in der präoperationalen Phase sehr stark egozentrisch geprägt. So ist es z.b. unfähig, sich in die Rolle eines anderen hineinzuversetzen, den Blickwinkel eines anderen einzunehmen oder seine eigene Weltsicht als eine unter vielen wahrzunehmen.[17] Egozentrismus bedeutet jedoch nicht, dass das Kind selbstbezogen ist und meint, alles würde um es kreisen, sondern dass alles, was es erkennt, „dem Modell des Ich nachgebildet"[18] wird. Seine Wahrnehmung unterliegt somit den Gesetzen der Assimilation. „Das Kind kann seine Realitätserfahrung noch nicht wirklich objektivieren; die Grenze zwischen Ich und Welt ist verschwommen."[19]

---

17 Vgl. Montada, L. (1995): Die geistige Entwicklung aus der Sicht Jean Piagets. In Oerter, R./ Montada, L. (Hg.): Entwicklunspsychologie. Weinheim, 524.
18 Piaget, J. (1974): Theorien und Methoden der modernen Erziehung. Ffm, 175; zit. nach Mette, N. (1983): Voraussetzungen christlicher Elementarerziehung. Vorbereitende Studien zu einer Religionspädagogik des Kleinkindalters. Düsseldorf, 194 f.
An dieser Stelle muss angemerkt werden, dass Mailhiot (vgl. frankokanadische Studie) Piaget wohl nicht korrekt verstanden hat. Er begründet das Phänomen, dass die Vorschulkinder in Jesus das Kind „par excellence" sehen folgendermaßen: Nach der Auffassung Piagets ist das Weltbild des Kindes egozentrisch. In dieser Entwicklungsphase tendiert das Kind dazu, sich zum Mittelpunkt aller Dinge zu machen, die Erwachsenen stellen hierbei nur Randfiguren dar. Sie zählen nur da, wo das Kind gefühlsmäßig mit ihnen verbunden ist. Das Kind nimmt das als Mittelpunkt der Welt wahr und lebt mit der Illusion, dass alles um es kreist. (Vgl. Mailhiot 1961, a.a.O., 302). So wie Mailhiot den „Egozentrismus" beschreibt, handelt es sich wohl nicht um den Egozentrismus, wie ihn Piaget definiert, sondern man sollte an dieser Stelle von einer narzisstischen Identifizierung mit Jesus sprechen. Vgl. Grom, B. (1992): Religionspädagogische Psychologie des Kleinkind-, Schul- und Jugendalters. Düsseldorf, 228.
19 Mette (1983), a.a.O., 195.

Für das Jesusbild der Kinder würde das bedeuten, dass die Kinder Jesus ihrer Lebenswelt anpassen, ihn in ihre Lebenswelt aufnehmen und einbeziehen.

● *Jesus könnte als Identifikationsfigur zu einem „idealen Leitbild" werden.*

Im Spannungsfeld zwischen „Initiative gegen Schuldgefühl" (Erikson) muss das Vorschulkind „herausfinden, was für eine Art von Person es werden will."[20]

Neben dem Verlangen des Kindes, sich primär mit Vater und Mutter zu identifizieren, kommt später auch die Identifikation mit anderen Erwachsenen hinzu, wie zum Beispiel den Polizisten, Feuerwehrmännern, Klempnern und Gärtnern[21], den sogenannten „idealen Leitbildern"[22].

Auch Jesus kann dem Kind als eine Identifikationsfigur dienen.

Die Kinderzeichnung als Untersuchungsmethode

Das Denken und Fühlen der Vorschulkinder lässt sich nur sehr schwer ergründen.[23] Um dennoch etwas über das Jesusbild der Vorschulkinder zu erfahren, ist es angebracht, eine Untersuchungsmethode zu wählen, die die Jungen und Mädchen in ihrer Authentizität nicht einschränkt.[24]

---

20 Erikson, E.H. (1973): Identität und Lebenszyklus. 14.Aufl. Ffm, 87.
21 Vgl. Erikson (1973), a.a.O., 96f.
22 Miller, P.H. (1993): Theorien der Entwicklungspsychologie, Heidelberg u.a., 161.
23 Vgl. Schweitzer, F. (1994): Elternbilder – Gottesbilder. Wandel der Elternrollen und die Entwicklung des Gottesbildes im Kindesalter. In KatBl (119), 91.
24 Ein Fragebogen wäre von vornherein auszuschließen, da die Kinder noch nicht in der Lage sind, einen solchen selbständig auszufüllen und auf die Hilfe des Erwachsenen angewiesen wären. Es könnte sehr schnell eine angespannte, künstliche Atmosphäre entstehen, in der das Kind sich nicht mehr wohl fühlen würde. Dies gilt auch für das strukturierte Interview.

Die „Welt des Malens und Zeichnens" ist den Jungen und Mädchen in der Regel vertraut. So eignen sich Kinderzeichnungen sehr gut zur Erschließung kleinkindlicher (Jesus-) Vorstellungen.

Wichtig ist es, die „Botschaften", die von der Kinderzeichnung signalisiert werden, zu verstehen. Kinderzeichnungen haben immer etwas mit der eigenen Lebenswelt des Kindes zu tun, mit seinen Erfahrungen, seinen Erinnerungen und seinen Handlungen. Dabei muss betont werden, dass sie zwar „Bilder des Augenblicks" sind, die nicht überinterpretiert werden dürfen, dennoch aber keine „Zufallsprodukte" sind, bei denen sich Kinder „irgendwas" ausdenken.[25]

Speziell für die hier vorliegende Studie kommt unterstützend hinzu, dass im Anschluss an das Malen jedes Kind seine Zeichnung kommentieren und erklären durfte.[26] Diese Phase wurde sehr offen gehalten, was dazu führte, dass sich der Gesprächsablauf von Gruppe zu Gruppe unterschied.

Ein kleines Aufnahmegerät zeichnete jedes Gespräch auf. Dieses Gerät wurde von der Erzieherin, die im Normalfall den Dialog mit den Kindern gestaltete, dezent in der Nähe platziert, sodass es für die Kinder im Grunde keine Hemmschwelle darstellten konnte.

Bei allem Auswerten und Interpretieren darf allerdings nicht vergessen werden, dass jede der 176 Kinderzeichnungen das Produkt eines Kindes ist, individuell und einzigartig gestaltet.

---

25 Schreiner, M. (1998a), a.a.O., 268.
26 M.E. ist ein an die Malphase anschließendes Gespräch wichtig, da dies auch, wenn es nur kurz geführt wird, wichtige Informationen geben oder Missverständnisse aus dem Weg räumen kann. Ein vierjähriges Mädchen malte zum Beispiel eine menschliche Figur, die ein langes Kleid trägt. Sie steht auf einer Blumenwiese, nach oben hin ist das Bild mit einem blauen Himmel abgeschlossen. Auf den ersten Blick nimmt man an, dass das Mädchen Jesus als Frau darstellen wollte. Ihren Aussagen war jedoch zu entnehmen, dass sie Jesus gerne als Mann gezeichnet hätte, aber eben keine Hosen malen kann.

Durchführung der Untersuchung

Die Untersuchung fand in der Zeit von Ende April bis Anfang Juli 1998 statt. Sie wurde jeweils im Rahmen eines Kindergartenvormittags durchgeführt.

An der Untersuchung nahmen 176 Jungen und Mädchen im Alter von 3;3–6;11 Jahren teil. Sie verteilten sich auf neun Kindergartengruppen aus vier verschiedenen Kindergärten.

Alle Kindergärten befinden sich in Baden-Württemberg: ein evangelischer Kindergarten (102 sich beteiligende Kinder), ein städtischer Kindergarten (37 sich beteiligende Kinder), zwei katholische Kindergärten (17 bzw. 20 sich beteiligende Kinder).

In allen Kindergärten finden sowohl offene Aktivitäten (z.B. das „Freispiel") als auch gebundene Aktivitäten (z.B. das Spielen im Kreis) statt.

Jedes der Kinder kann mit dem „Wort" Jesus etwas verbinden, denn in allen Kindergartengruppen findet, innerhalb der gebundenen Aktivitäten, christliche Erziehung statt. In manchen Gruppen ist diese sehr stark ausgeprägt und nimmt einen großen Raum im Kindergartenalltag ein, in anderen wiederum ist sie nur in Ansätzen vorhanden und beschränkt sich auf die Weihnachts- bzw. Ostergeschichte.

Da die Räumlichkeiten in den verschiedenen Kindergärten sehr beengt und unterschiedlich gestaltet sind, war der Ablauf der Umfrage nicht einheitlich möglich.

Drei Formen entwickelten sich im Laufe des Umfragezeitraums:

Variante 1: Die Jungen und Mädchen malen nach dem Freispiel (das drinnen oder draußen stattfand) in einer Gruppe von mindestens 10 Kindern. Ist ein Kind fertig, darf es nach draußen zum Spielen. Haben alle Kinder das Malen beendet, wird ein Kind nach dem anderen in den Raum gerufen, um über sein Bild zu sprechen.

Variante 2: Die Jungen und Mädchen malen nach dem Freispiel (das drinnen oder draußen stattfand) in einer

Großgruppe von mindestens 10 Kindern. Hat ein Kind das Malen beendet, darf es sofort zur Erzieherin, die sich nicht weit entfernt aufhält (angrenzender, kleiner Raum, Küche, Besprechungszimmer,...) und mit ihr über sein Bild sprechen.

Variante 3: Die Jungen und Mädchen malen in einer Kleingruppe von höchstens fünf Kindern. Direkt im Anschluss an das Malen darf das Kind der Erzieherin etwas zum Bild erzählen. Hier muss schon sehr früh die erste Kleingruppe zu malen beginnen, damit alle Kinder im Laufe des Vormittages ihr Jesusbild gestalten können.

Alle drei Durchführungsarten kamen zum Zuge, wobei sich herausstellte, dass die dritte am vorteilhaftesten war. Bei der ersten Variante der Durchführung ist es von Nachteil, dass die Kinder zwischen Malen und Gespräch einen Bruch erleben, sich nicht unmittelbar nach der Malphase zu ihrem Bild äußern können, sondern erst nach einer eingeschobenen Spielphase das Gespräch führen können. Bei Variante 2 fällt dieser Cut weg, aber dennoch können sich Wartezeiten für das Kind einstellen, bis es an der Reihe ist, um mit der Erzieherin über sein Bild zu sprechen. Ein weiterer Nachteil bei beiden Formen der Durchführung ist, dass man leider nicht jedes einzelne Kind beobachten kann, was beim Malen in der Kleingruppe (dritte Variante) eher der Fall ist, und so bekommt man als Beobachter wichtige Entwicklungsschritte des Bildes mit.

Für die Kinder ist das Malen in einer Kleingruppe entspannter und angenehmer als in der „Masse", was sie bei Variante 3 erfahren können.

Auch wenn die äußeren Umstände nicht gleich waren, so blieb der Impuls, den in der Regel die Erzieherin gab, immer einheitlich; sie forderte die Kinder auf, ein Bild von *Jesus* zu malen.

Nun hatten die Kinder Zeit, in ihrer vertrauten Kindergartenatmosphäre ihre ganz persönlichen Jesusvorstellungen zu malen.

Im Normalfall malten die Kinder auf große Din A3-Bögen mit Wachsmalkreide, Holzstiften (dick und dünn); diese Entscheidung überließ ich ganz der Erzieherin, die wusste, mit welchen Malwerkzeugen die Kinder gerne umgingen.

Ich nahm die Position einer Beobachterin ein. Den Malauftrag gab ich nur in einzelnen Fällen und wenn, dann ausschließlich in einer Kleingruppe; auch schaltete ich mich sehr selten in das Gespräch ein. Dahinter stand der Gedanke, dass zu dem vertrauten Umfeld, in dem das Kind malen und erzählen soll, auch eine ihm vertraute Person gehört, die dem Kind Sicherheit gibt und der es sich öffnen kann. Im Laufe der Umfrage machte ich allerdings die Erfahrung, dass die meisten Kinder sehr spontan und unbefangen mir gegenüber waren und mich nicht selten sofort in ihre Gruppe einbezogen.

Beim anschließenden Gespräch wollte in einigen Fällen ein Kind wissen, was es mit dem Aufnahmegerät auf sich hat. Dann wurde es ihm oder ihr kurz erläutert.

Darstellung der Untersuchungsergebnisse

176 Mädchen und Jungen haben sich an der Umfrage beteiligt. Sie malten ihre ganz persönliche Jesusvorstellung und erzählten im Anschluss an die Malphase etwas zu dem Bild.

Leider können bei der Auswertung der Kinderzeichnungen und Aussagen neun Kinder nicht berücksichtigt werden. Dazu zählen die Kinder, die mit der deutschen Sprache noch nicht gut vertraut waren und deswegen etwas ganz anderes malten. Einige Kinder verweigerten sich aber auch regelrecht etwas zu malen und/oder über das Gemalte zu sprechen.

So ergibt sich eine Neu-Verteilung bezüglich der Anzahl der Kinder, die als Grundlage der Auswertung dienen:

Tabelle 1

Alter	3 Jahre	4 Jahre	5 Jahre	6 Jahre	Gesamt
Jungen	8	27	17	27	79
Mädchen	14	18	37	19	88
Summe	22	45	54	46	167

Die Auswertung der Kinderzeichnungen und Gesprächsaussagen wird vor allem vom kognitivistischen Ansatz her bestimmt sein. Es steht das, was auf dem Bild zu sehen ist, im Vordergrund. Daneben werden die Gespräche, die mit den Mädchen und Jungen im Anschluss an die Malphase geführt wurden, gleichberechtigt mit einbezogen.

Die tiefenpsychologische Methode der Bilderdeutung tritt hier in den Hintergrund.[27]

Kategorisierung der Bildinhalte

Da es sich bei dieser Untersuchung um eine explorative Studie handelt und ich mich auf keine schon vorgegebenen Kategorien stützen kann, möchte ich im Folgenden etwas ausführlicher erläutern, wie ich bei der Kategorisierung der Bildinhalte vorgegangen bin.

Vor mir lagen 167 individuelle Kinderbilder und einige Kassetten, auf denen die Geschichte, die jedes Kind zu seinem Bild erzählte, zu hören ist.

---

[27] D. Boßmann und G. Sauer (1984) wenden in ihrem Buch „Wann wird der Teufel in Ketten gelegt? Kinder und Jugendliche stellen Fragen an Gott. München u.a." die Methode der Bilderdeutung aus dem Unbewussten an.
Ich habe mich bewusst für den kognitivistischen Ansatz entschieden. M.E. würde eine weiterführende, tiefenpsychologische Deutung der Bilder zum einen den Rahmen der Arbeit sprengen und zum anderen würde ich mich nicht als kompetent erachten, die Bilder auf diese Weise zu deuten, denn m.E. ist dafür eine langjährige (therapeutische) Erfahrung notwendig.

In einem ersten Schritt transkribierte ich die Textpassagen. In einem weiteren Schritt versuchte ich anhand der Zeichnung und den Äußerungen des Kindes zum Bild das Hauptthema der Darstellung herauszufinden. Das ist nicht einfach gewesen, denn auch die bildnerischen Gestaltungen der Vorschulkinder sind von deren Phantasiewelt geprägt.

Es hat vieler Durchsichten des Materials bedurft, um erstens die inhaltliche Absicht des jeweiligen Kindes zu erkennen und zweitens die Darstellung einer der folgenden Kategorien, die sich auf induktivem Wege gebildet haben, zuzuordnen:

Tabelle 2

Kategorie	Kurzdefinition	Anzahl (N)
Jesus in der Passions- und Auferstehungsgeschichte	Darstellungen der Kinder, die sich mit der Passions- und Auferstehungsgeschichte in Verbindung bringen lassen	54
Jesus in der Natur	Jesus wird in der Natur bzw. mit Tieren dargestellt	28
Jesus in neutestamentlichen Erzählungen	Die Kinder malen Jesus in einer ihnen bekannten Erzählung aus den vier Evangelien	23
Jesus in der kindlichen Lebenswelt	Bilder, die Jesus in einer alltäglichen Lebenssituation der heutigen Kinder zeigen	22
Jesus ist nicht Bestandteil des Bildes	Die Kinder scheinen unbewusst den Malauftrag zu überhören und malen etwas, was vordergründig nichts mit Jesus zu tun hat	20
Jesus in seinen familiären und freundschaftlichen Beziehungen	Jesus wird in seinen eigenen sozialen Strukturen dargestellt, sei es als Freund, Papa oder Sohn	14
Sonstige	Bilder, die in den anderen sechs Kategorien nicht untergebracht werden konnten	6

Interessant ist, dass sich fast ein Drittel der Mädchen und Jungen für Motive der Passions- und Auferstehungsgeschichte entschieden haben.

Zieht man den Untersuchungszeitraum heran, so stellt man fest, dass die Untersuchungen zwei Wochen nach Ostern begannen und in den meisten Kindergartengruppen die Passions- und Auferstehungsgeschichte als letzte biblische Einheit behandelt wurde.

Die intensive Beschäftigung mit diesen Kategorien und der Versuch, mit ihnen weiterzuarbeiten, brachte mich zu der Einsicht, dass diese Themenblöcke inhaltlich gesehen kompakter und übersichtlicher dargestellt werden können:

„Jesus in der Passions- und Auferstehungsgeschichte" und „Jesus in neutestamentlichen Erzählungen" lassen sich in einer Kategorie zusammenfassen: *Der biblisch überlieferte Jesus*. Jesus also, wie ihn die Kinder aus den Erzählungen der Evangelisten kennen.

Nach entwicklungspychologischen Erkenntnissen sind die Rubriken „Jesus in der Natur"[28], „Jesus in der kindlichen Lebenswelt" und „Jesus in seinen freundschaftlichen und familiären Beziehungen" in einer Kategorie zu bündeln und zwar deswegen, weil sie Jesus in allen drei Unterkategorien in ihre Denkweise, ihre Gedankenwelt assimilieren: *Jesus in der kindlichen Assimilation*.

Die Kategorie „Jesus ist nicht Bestandteil des Bildes" und „Sonstige" werden zu einer Kategorie zusammengefasst: *Sonstige*.

Der biblisch überlieferte Jesus: 46,1%
Jesus in der kindlichen Assimilation: 38,3%
Sonstige: 15,6%

---

28 Im kindlichen Denken nimmt Natur eine exponierte Stellung ein. Piaget gebraucht hierfür den Begriff „Animismus": „Ursprünglich erlebt das Kind Tier und Pflanze als beseelt. Es versteht intuitiv, dass sie dem Menschen verwandt sind, dass sie leben wollen und Schmerz und Freude, Angst und Trauer empfinden. Es versteht, dass die Ameisen in großer Bedrängnis und Not sind, wenn ein grober Fuß in ihren Bau tritt, dass eine Pflanze leidet, wenn eine achtlose Hand ihre Blätter abreisst, und ein Hund, den sein Herr fortgegeben hat, vor Heimweh krank ist." Halbfas, H. (1991): Religionsunterricht in der Grundschule. Lehrerband 2. 4. A. Düsseldorf, 65.

Im Folgenden sollen die Kategorien genau definiert und jeweils mit exemplarischen Kinderzeichnungen untermauert werden:

Der biblisch überlieferte Jesus

Unter diese Kategorie fallen alle Kinderzeichnungen, die sich mit Erzählungen der vier Evangelisten in Verbindung bringen lassen.

77 Mädchen und Jungen malten Bilder, die hier einzuordnen sind.

Die Mehrzahl der Bilder dieser Kategorie (44) thematisieren das Passionsgeschehen[29]. Aber auch das Geschehen am/im Grab und der auferstandene Jesus werden von zehn Kindern dargestellt.

Dieser Kategorie sind auch solche Bilder zuzuordnen, auf denen Jesus nicht als menschliche Gestalt wahrzunehmen ist; in ihren Kommentaren zu den Bildern konnten die Kinder seine Abwesenheit aber immer begründen.

So malte zum Beispiel Lars (5;7) zwei Soldaten, den einen auf einem Pferd sitzend, den andern daneben stehend, voll ausgerüstet mit Lanze, Speer und Schild. Auf die Frage der Erzieherin, was das mit Jesus zu tun hätte, antwortete der Junge, dass sie Jesus suchen würden, um ihn ans Kreuz zu nageln.

Aufgrund der Erklärung des Jungen, fällt es nicht schwer, in dem Bild eine Szene aus der Verhaftung Jesu zu sehen.

Viele Kinder stellten Jesus in Zusammenhang mit dem Kreuz dar. Wobei auch hier einige Jesus nicht in menschlicher Gestalt malten, sondern nur ein Kreuz ohne Korpus entwarfen.

Manuel zum Beispiel malte das Meer, den Himmel, die Sonne, ein Schiff (orange) und ein kleines grünes U-Boot. Neben dem Schiff zeichnete der Junge ein einfaches Kreuz aus zwei Strichen. Auf die Frage der Erzieherin, an was uns

---

[29] Das Passionsgeschehen beginnt mit dem Einzug Jesu in Jerusalem und endet mit seiner Kreuzabnahme.

denn das Kreuz erinnere, antwortete der Junge, dass Jesus da drangenagelt wurde.

Laila (6;9) brachte zwei Eindrücke der Kreuzigung Jesu in ihrem Bild (Abbildung 1) zusammen:

Abbildung 1 (Laila 6;9)

Auf der linken Bildhälfte ist Jesus am Kreuz hängend zu erkennen, und auf der rechten Bildseite trägt, nach Lailas Kommentar, Jesus sein Kreuz.

Von sechs Kindern wurde ein Bild zum Geschehen am/ im Grab gemalt.

Der auferstandene Jesus stellt ein weiteres Bildmotiv dar. *Roman* (5;11) zeichnete eine kleine grüne Jesus-Figur mit Heiligenschein und bemerkte dazu, dass Jesus da gerade auferstanden wäre. In seinen Händen sind rote Punkte, dass sei das Blut, so Roman, da Jesus doch die Nägel hatte. Dann erzählt Roman, dass Jesus einen Heiligenschein habe, weil jede Ikone einen Heiligenschein hat. Jeder Heilige, der gestorben ist, bekomme einen Heiligenschein.

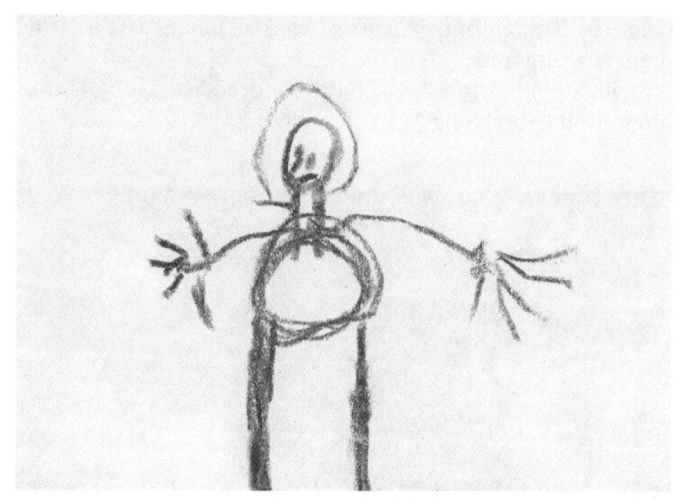

Abbildung 2 (Roman 5;11, Bildausschnitt)

Elf Kinder malten Jesus in Zusammenhang mit seiner Geburt. *Jaqueline* (6;6) malte Jesus in der Krippe mit Maria und Joseph und dem Stern über dem Stall.

Abbildung 3 (Jaqueline 6;6)

Ein fünfjähriger Junge malte Jesus und seine Jünger, die in der (ebenfalls dargestellten) Stadt Zachäus getroffen haben.

Neun Mädchen und Jungen erinnerten sich bei der Aufgabenstellung an eine Wundergeschichte.

Maike (4;3) verband in ihrem Bild (Abbildung 4) zwei Wundergeschichten: Die Speisung der 5000 und die Sturmstillung. In die Mitte ihres Bildes malte sie eine freundliche, lachende Jesusfigur. Sie erzählte im anschließenden Gespräch, dass sie unter Jesus zwei Körbe gemalt habe, in denen Essen sei. Auf die Frage, was Jesus denn mit dem Essen mache, antwortete sie, er würde es mit seinen Freunden teilen. Rechts über Jesus ist ein Vogel zu sehen. Direkt links neben Jesus malte Maike ein Segelboot, das ihrer Aussage nach Jesus gehöre (hier ist ein Bezug zur Sturmstillung auszumachen).

Abbildung 4 (Maike 4;3)

Jesus in der kindlichen Assimilation

64 Jungen und Mädchen assimilierten bei der Ausführung des Malauftrages Jesus in ihre eigene Gedanken- und Vorstellungswelt. Auch diese Kategorie muss der Verständlichkeit wegen unterteilt und folgendermaßen erläutert werden:

28 Jungen und Mädchen stellten Jesus vorwiegend in der Natur dar. Dazu gehören Bildmotive, die Jesus auf einer (Blumen-) Wiese stehend oder spazieren gehend zeigen.

Die kleine Künstlerin *Anne* (5;6) beschrieb ihr Bild (Abbildung 5) folgendermaßen:

„Das ist der Jesus. Der tut grad Blumen pflücken. Er geht grad zu der Blume hin – und da oben ist der Himmel und da die Sonne."

Abbildung 5 (Anne 5;6)

Jesus wurde auf einigen Bildern auch mit einem Berg oder Hügel in Verbindung gebracht. Neben Jesus spielten in der einen oder anderen Darstellung auch Tiere eine Rolle (Hai, Marienkäfer, Kamel, Esel, Pferd, Bienen). Auf andern Bildern wiederum sind das Meer, ein Teich, Blitz, Steine, eine Höhle Bestandteile, die zu einer antropomorphen Jesus-Gestalt gemalt werden.

Jens (6;4) zu seinem Bild (Abbildung 6): Das ist der Jesus und das Schwarze ist der Blitz.

Abbildung 6 (Jens 6;4, Bildausschnitt)

Zu dieser Kategorie gehören auch alle die Bilder, die Jesus in einer Lebenssituation der heutigen Kinder zeigen. Die Kinder stellten Jesus in einem alltäglichen kindlichen Zustand dar. So malte zum Beispiel ein Junge, *Kai* (5;0), Jesus auf einem Skateboard (Abbildung 7).

Abbildung 7 (Kai 5;0)

Andere Motive, die zu dieser Kategorie gehören, sind u.a.: Jesus, der (Schokoladengoldstücke) isst, Jesus in oder neben seinem Haus stehend, Jesus als fröhliches Schulkind, Jesus schlafend, Jesus auf dem Spielplatz.

Diese Kategorie zeigt schön, wie die Kinder Jesus in ihre Umwelt assimilieren. Jesus findet einen Platz in ihrer ganz persönlichen Lebenswelt.

Hierzu zählen auch Bilder, die Jesus in seinen *eigenen* sozialen Strukturen darstellen, ihn in seinen familiären und freundschaftlichen Bindungen zeigen. Zwei Beispiele sollen das belegen:

Janina (6;5) erklärt, was auf ihrem Bild (Abbildung 8) zu sehen ist: Eine Maus, ein Regenbogen, Blumen und Jesus auf der Burg, der einem Freund zuruft.

Abbildung 8 (Janina 6;5)

Sonstige

In diese Kategorie sind 26 Darstellungen der Kinder einzuordnen: Ein Großteil der Kinder dieser Kategorie – 20 Mädchen und Jungen – malten Jesus nicht auf ihr Bild, sie haben scheinbar unbewusst die Fragestellung überhört und malten etwas, was vordergründig keinen Bezug zu Jesus hat.

Sechs Jungen und Mädchen malten ein Selbstportrait. Alexander (5;11) zeichnete sich unter dem Regenbogen. Weitere Bilder dieser Kategorie stellten inhaltlich u.a. Folgendes dar:

eine Rakete, den Bundesadler, Joseph, ein Haus, einen großen Schuh neben einem Auto, einen Schmetterling und Kanonen, viele Kreisel, eine Eisenbahn, die in den Himmel führen kann, aber nach Amerika fährt.

Olaf (5;6) erklärte, dass er statt eines Bildes von Jesus ein viel schöneres Bild malen könne und entschied sich für das Motiv des Regenbogens.

Was auf den ersten Blick nach Überforderung oder Lustlosigkeit der Kinder, auf die gegebene Aufforderung ein dementsprechendes Bild zu malen, aussieht, gestaltete sich bei Sören (5;4) folgendermaßen:

Er malte eine Eisenbahn auf Schienen, die bis in den Himmel führen kann.

Auf die Frage, ob denn Gott und Jesus etwas miteinander zu tun hätten, antwortete er: „Die haben Macht über Menschen. ... Und der Gott hat die Welt geformt."

Abschließend erinnert er sich noch an die Weihnachtsgeschichte.

Die sechs verbleibenden Kinder malten Bilder, die nur hier ihren Platz finden können, da sie sich weder in *Der biblisch überlieferte Jesus* noch in *Jesus in der kindlichen Assimilation* einordnen lassen: Jesus als Mädchen, Jesus als König, Jesus als Schöpfer, Jesus als Hand. Jesus ist auf zwei Bildern dieser Kategorie nicht zu sehen, mit der Begründung, dass er im Himmel sei.

Erstes Fazit

Nach dieser Darstellung des Materials kann die Frage, *ob* Vorschulkinder heute Vorstellungen von Jesus haben, getrost bejaht werden. Von den 167 Kindern malte fast jedes Kind seine ganz persönliche Jesusvorstellung. Dass bei den Mädchen und Jungen, bei deren Kunstwerken Jesus nicht Bestandteil des Bildinhaltes ist, dennoch eine Vorstellung von Jesus existieren kann, zeigt das Beispiel Sören (s.o.).

Die Frage nach dem Kontext, in dem Jesus für die Kinder eine Rolle spielt, wurde durch die vorgenommene Kategorisierung beantwortet. Es wird deutlich, welches Motiv die Mädchen und Jungen jeweils wählen, um „ihren" Jesus zu präsentieren.

Die Umfrage Mailhiots unter den frankokanadischen Vorschulkindern liegt schon über 30 Jahre zurück. Er kam zu dem Ergebnis, dass in den Köpfen der Vorschulkinder Jesus größtenteils als Kind existiert, als das Modellkind, das Kind „par excellence", das mit übersinnlichen Kräften ausgestattet ist und Macht über das Böse hat. Jesus ist das Kind, das die Vorschulkinder in ihrer Phantasiewelt gerne sein würden.

Dieses Fazit Mailhiots lässt sich 1998 so nicht bestätigen. Damals zeichneten 86% der Kinder beim Malen ihres Jesusbildes zuerst ein Kreuz, dann aber, nachdem sie gebeten wurden eine Geschichte zum Bild zu erzählen, malten sie ein Baby. Bei der hier vorliegenden Umfrage entwarfen nur 11 der 167 Kinder, also gerade einmal 6,6%, ein Bild, das Jesus als Baby zeigt.

Natürlich waren die Kinder aus Franko-Kanada religiös ganz anders sozialisiert als die Kinder 1998 aus Süddeutschland. Bei der hier vorliegenden Arbeit wurde nicht nach Konfession und christlichem Background des Elternhauses gefragt, aber es steht ohne Zweifel fest, dass wohl kaum einem Kind heute vor Kindergarteneintritt das „Gegrüßest seist du Maria", das „Vaterunser" *und* das „Ehre sei dem Vater" beigebracht wurde, wie es in Franco-Kanada bei 71 % der Kinder der Fall war. Bis zum Kindergarteneintritt haben 58% der Eltern ihren Kindern vom Passionsgeschehen berichtet und 52% von ihnen haben im Zuge von Weihnachten ihren Kindern die Umstände der Geburt Jesu erzählt.[30]

Auf der einen Seite scheinen die Kinder damals die Informationen zu verarbeiten, die ihnen von zu Hause mitgegeben wurden[31], auf der anderen Seite neigen sie zu einer narzisstischen Identifikation mit Jesus[32], so wird zum Beispiel Jesus von 78% der kleinen Mädchen als Mädchen wahrgenommen.[33] Die Kinder sehen in Jesus das Kind, das sie gerne wären.

1998 greifen die Kinder bei ihrer Bildgestaltung ebenfalls auf ihnen Bekanntes zurück: 46,1% der Kinder zeichnen Jesus innerhalb einer ihnen bekannten Geschichte (Passions- und Auferstehungsgeschichte und andere neutestamentliche Erzählungen). Dort jedoch nimmt er nicht die Rolle eines Kindes ein (außer bei den Motiven, die die Weihnachtsgeschichte betreffen), sondern wird von den Kindern als ein erwachsener

---

30 Vgl. Mailhiot (1961), a.a.O., 299.
31 Vgl. Mailhiot (1961), a.a.O., 300.
32 Vgl. Anm. 18.
33 Vgl. Mailhiot (1961), a.a.O., 300.

Mann dargestellt, innerhalb seiner persönlichen Geschichte – es kann nicht von einer narzisstischen Identifikation gesprochen werden.

Auch die andere große Kategorie (Jesus in der kindlichen Assimilation) lässt nicht auf eine solche Identifikation mit Jesus schließen; vielmehr integrieren die Kinder Jesus in ihre eigene Lebenswelt (Jesus in der Natur, Jesus in der kindlichen Lebenswelt und Jesus in seinen familiären und freundschaftlichen Beziehungen).

Altersspezifische Entwicklung des Jesusbildes

Wichtig ist nun die Frage, ob sich eine altersspezifische Entwicklung bei den Kindern erkennen lässt, ob sich der Kontext, in dem Jesus dargestellt wird, zwischen den einzelnen Altersstufen unterscheidet.
Zunächst soll jede einzelne Altersstufe für sich betrachtet werden, um eventuelle Vorzüge bei der Motivwahl erkennen zu können. Ein Vergleich zwischen allen Altersstufen wird diesen Abschnitt abschließen.

DIE DREIJÄHRIGEN (N=22)
Die Dreijährigen wählen die Bildmotive in folgender Verteilung:

■ Der biblisch überlieferte Jesus (27,3%)
■ Jesus in der kindlichen Assimilation (50,0%)
■ Sonstige (22,7%)

Fig. 1

Obwohl die Stichprobe der Dreijährigen recht klein ist (N=22) lässt sich eine Tendenz erkennen: die Kinder stellen Jesus weniger in seiner biblischen Überlieferung dar, sondern lassen ihn in ihrer eigenen Lebenswelt und der Natur auftreten.

Dieser Zustand könnte daher rühren, dass die Dreijährigen mit den neutestamentlichen Erzählungen noch nicht genügend vertraut sind und deswegen Jesus in ihren eigenen persönlichen Lebensbereich assimilieren bzw. ihm in ihrer Phantasiewelt einen Platz zukommen lassen.

Bei 22,7% der Mädchen und Jungen ist Jesus nicht Bestandteil des Bildes, sie malen etwas ganz anderes. Das könnte darauf zurückzuführen sein, dass sie eventuell mit der Thematik überfordert sind und einfach das malen, wozu sie gerade Lust haben oder das, was ihnen gerade einfällt.

Auf dem Bild eines dreijährigen Mädchens sind viele Kreisel zu sehen; warum sie gerade Kreisel male, wollte die Erzieherin wissen: „Weil ich das möchte", so Lauras Antwort. Die Erzieherin erklärte anschließend, dass in der Gruppe einige Tage zuvor ein Spiel mit einem Kreisel gespielt wurde.

Die dreijährigen Kinder sind erst kurze Zeit im Kindergarten. Wenn christliche Erziehung für diese Kinder ausschließlich dort stattfindet und sie nicht durch eine christliche Sozialisation im Elternhaus geprägt sind, dann kann bei den Dreijährigen im Kindergarten höchstens die Grundlage für eine Jesus-Beziehung gelegt worden sein.

DIE VIERJÄHRIGEN (N=45)
Die vierjährigen Jungen und Mädchen machen sich folgendes Bild von Jesus:

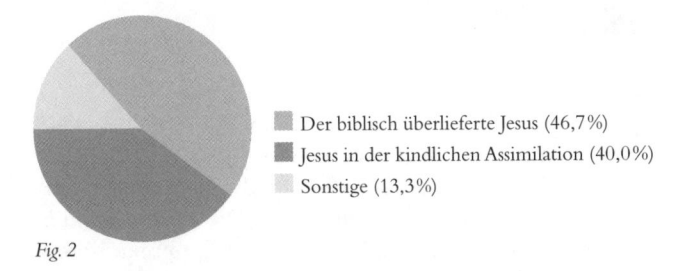

■ Der biblisch überlieferte Jesus (46,7%)
■ Jesus in der kindlichen Assimilation (40,0%)
■ Sonstige (13,3%)

Fig. 2

Die vierjährigen Kinder scheinen im Laufe ihres ein- bis zweijährigen Kindergartendaseins schon einiges über Jesus gehört zu haben:

Es fällt auf, dass fast die Hälfte (46,7%) der Jungen und Mädchen Jesus in einer neutestamentlichen Erzählung (sei es die Passions- und Auferstehungsgeschichte oder einer andere Erzählung) darstellt. Die Mädchen und Jungen setzen das, was die Erzieherinnen an Jesus-Geschichten erzählt hat, in ein Bild um.

40,0% der Mädchen und Jungen assimilieren Jesus in ihre eigene Gedankenwelt, dazu gehört auch, dass Jesus nun (bei den Dreijährigen noch nicht) auch in seinen familiären und freundschaftlichen Beziehungen dargestellt wird. Ein Grund dafür ist vielleicht, dass den Kindern ihre eigenen freundschaftlichen und familiären Bindungen sehr wichtig sind und sie diese auch auf Jesus projizieren.

Von den 13,3% der Bilder, die unter „Sonstige" einzuordnen sind, malen nur vier Kinder (8,9%) Jesus nicht auf ihr Bild.

DIE FÜNFJÄHRIGEN (N=54)
Die Fünfjährigen gestalten ihr Jesusbild wie folgt:

■ Der biblisch überlieferte Jesus (38,9%)
■ Jesus in der kindlichen Assimilation (44,5%)
■ Sonstige (16,6%)

Fig. 3

38,9% der fünfjährigen Kinder erinnern sich bei dem Malauftrag an den „biblisch überlieferten Jesus". Sowohl die Passions- und Auferstehungsgeschichte als auch andere biblische Geschichten kommen zum Zug. Diese Geschichten, die die Kinder vor nicht allzu langer Zeit vernommen haben, scheinen ihnen bedeutsam zu sein.

„Jesus in der kindlichen Assimilation" wird von 44,4% der Kinder gestaltet.

Innerhalb dieser Kategorie wird Jesus weiterhin in seinen familiären und freundschaftlichen Beziehungen von den Kindern dargestellt, was die Vermutung unterstützt, die diesbezüglich schon bei den Vierjährigen aufgestellt wurde. So malt ein Mädchen Jesus als Papa, der seine ganze Großfamilie um sich geschart hat.

Warum einige der Mädchen und Jungen unter „Sonstige" (16,6%) Jesus nicht auf ihr Bild malen, ist eine nicht leicht zu beantwortende Frage. Denn eigentlich müsste er jedem der Kinder bekannt sein.

Haben sie kein Interesse an Jesus? Sind sie mit der Aufgabenstellung überfordert? Oder wollen sie damit einfach nur darauf hinweisen, dass sie sich von niemandem sagen lassen, was sie malen sollen? Die an die Malphase anschließenden Gespräche geben auf diese Fragen leider keine hinreichende Antwort.

DIE SECHSJÄHRIGEN (N=46)
Mädchen und Jungen im Alter von sechs Jahren gestalten ihr Jesusbild so:

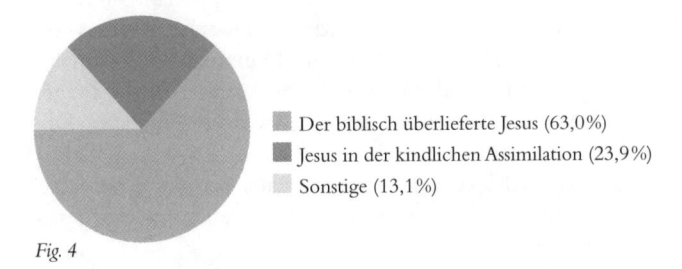

■ Der biblisch überlieferte Jesus (63,0%)
■ Jesus in der kindlichen Assimilation (23,9%)
■ Sonstige (13,1%)

Fig. 4

Es fallen sofort die 63% der Kinder ins Auge, die Jesus in der biblischen Überlieferung thematisieren, so stellen fast zwei Drittel der Sechsjährigen ihr Jesusbild in einer ihnen bekannten Geschichte dar. Sie scheinen sich sehr für diese Geschichten zu interessieren und äußern das in ihrer Jesus-Darstellung.

23,9% der Mädchen und Jungen assimilieren Jesus in ihre eigene Gedankenwelt und zeigen ihn in der Natur, in ihrer eigenen Lebenswelt und charakterisieren ihn in seinen eigenen familiären und freundschaftlichen Strukturen.

Unter den 13,1% der Sechsjährigen („Sonstige") befinden sich auch solche, die Jesus nicht auf ihr Bild malen – warum?

Es stellen sich dieselben Fragen und Vermutungen, wie sie sich auch schon bei den Fünfjährigen ergeben haben.

Eine Entwicklung des Jesusbildes über die Altersstufen hinweg ist in Ansätzen zu erkennen. „Der biblisch überlieferte Jesus" scheint immer mehr Beliebtheit bei den Kindern zu finden – außer bei den Fünfjährigen. Während nur 27,3% der dreijährigen Mädchen und Jungen ein solches Motiv wählen, sind es schon 46,7% der Vierjährigen. Bei den Fünfjährigen ist ein Einbruch erkennbar: nur 38,5% entscheiden sich, Jesus in einer neutestamentlichen Erzählung darzustellen.[34] Die Sechsjährigen wiederum malen in 63% der Fälle „Jesus in der biblischen Überlieferung". Dieser enorme Sprung könnte mit der allmählich beginnenden konkret-operationalen Phase des Kindes zusammenhängen. Die Jungen und Mädchen beginnen, ihr logisches Denken auszubilden, sind in der Lage, Perspektiven zu wechseln und können sich mehren Aspekten einer Situation zugleich zuwenden.

Vor allem die Kreuzigungs-Bilder (und Äußerungen dazu) der fünf- und sechsjährigen Kinder unterstreichen dies, sie sind sehr stark emotional geprägt. Franziska (5;10) malte neben dem Kreuz, an dem Jesus hängt, Maria. Auf die Frage, was denn Maria da machen würde, antwortete Franziska: Die weint, weil Jesus am Kreuz hängt.

Franziska malte eine leuchtend, gelbe Sonne; diese lacht zwar, aber nur deswegen, weil sie nicht sehen kann, dass Jesus am Kreuz hängt.

Laila (Abbildung 1) gab auf die Frage, wie es denn Jesus gehen würde, folgende Antwort: „Der weint, weil er ans Kreuz kommen muss."

Nach J.W. Fowler ist nun der Übergang zur mythischwörtlichen Glaubensstufe eingeläutet: Die Perspektive des anderen wird inzwischen gesehen und koordiniert. Lebens- und Abenteuergeschichten sind interessant, denn sie bieten unter anderem die Möglichkeit, Erfahrungen anderer mitzu-

---

34 Um diese Problematik genauer erörtern zu können, müsste die Stichprobe größer und die Anzahl der Kinder pro Altersgruppe immer gleich sein.

erleben, aber sie werden noch nicht kritisch betrachtet, die Bedeutungen sind praktisch in den Geschichten gefangen.[35]

Natürlich ist „Der biblisch überlieferte Jesus" auch in den jüngeren Altersstufen vertreten (Vgl. Vierjährige: 46,7%), aber wird noch sehr stark mit der Vernetzung der eigenen Phantasiewelt dargestellt, während bei den Sechsjährigen die Geschichte an sich im Vordergrund zu stehen scheint.

Bei den Sechsjährigen ist „Jesus in der kindlichen Assimilation" mit 23,9% der Kinder in Relation gesehen nicht so häufig vertreten, wie bei den Dreijährigen (50%), Vierjährigen (40,0%) und den Fünfjährigen (44,5%). Von ihrer Entwicklung her gesehen sind die Kinder dieser drei Altersstufen noch stark in der präoperationalen Phase verwurzelt. Sie integrieren Jesus in ihre eigene Lebens- und Gedankenwelt und nehmen ihn als einen „wie du und ich" wahr: Jesus auf der Blumenwiese, Jesus auf dem Skateboard, Jesus und sein Freund.

Dass das den Kindern wichtig ist, möchte ich an dem Bild einer Vierjährigen verdeutlichen. Ihr Bild habe ich zu der Kategorie „Der biblisch überlieferte Jesus", zugeordnet, hätte es aber genauso gut zu der Kategorie „Jesus in der kindlichen Assimilation" zählen können:

Eileen (4;1) malt auf der einen Seite ihres Blattes Motive der Sturmstillung (Sturm, Wellen, Ufer, See) und erzählt von einem Boot, das sie aber leider noch nicht malen kann. Die andere Seite kommentiert sie folgendermaßen: Des ist der Herr Jesus. Der ist jetzt erst vom Bett aufgestanden; jetzt hat er verstruwelte Haare.

Die Zeichnungen, die unter „Sonstige" zu zählen sind, gliedern sich, wie oben dargestellt, in zwei Rubriken. Überwiegend wird diese Kategorie von Bildern bestimmt, die Jesus nicht zum Bestandteil haben. Bei den Dreijährigen sind das 22,7%, bei den Vierjährigen 8,9%, bei den Fünfjährigen 11,1% und bei den Sechsjährigen 10,9% aller der jeweiligen Altersstufe zugehörigen Bilder. Die Erklärung, dass die Drei-

---

35 Vgl. Fowler (1991), a.a.O., 151ff.

jährigen mit der „christlichen Materie" noch nicht so vertraut sind bzw. sich schwer damit tun, den Malauftrag umzusetzen, mag die einzige Erklärung sein, die ich zu dieser Kategorie geben kann. Bei den anderen Altersstufen sind nur Spekulationen möglich, wie ich sie oben schon formulierte.

Symbolische „Ausschmückungen" des Jesusbildes

Nachdem ich die Bildinhalte in die entsprechenden Kategorien eingeordnet hatte, stellte sich mir die Frage, was auf der jeweiligen Kinderzeichnung im Detail noch zu sehen ist, das weitere Rückschlüsse auf die christologischen Vorstellungen der Vorschulkinder zulassen könnte.

Ich bin auf einige, auffällige Einzelheiten gestoßen, die einer genaueren Betrachtung bedürfen. Zu diesen Details sind die Sonne, der Regenbogen, der Heiligenschein, die Krone, die Sterne, das Herz und das Kreuz zu zählen.

Diese Ausschmückungen dürfen jedoch auf keinen Fall überinterpretiert werden. Das möchte ich am Beispiel der Sonne verdeutlichen. Die Sonne ist ein Attribut, das auf sehr vielen Kinderzeichnungen zu sehen ist und auf kaum einem Kinderbild fehlen darf. Egal, was Kinder malen, die Sonne ist (fast) immer dabei.

Hubertus Halbfas äußert sich zu der „Sonne der Kinder" folgendermaßen:

„Nicht jede Sonne, die auf Kinderbildern aufgeht, hat symbolische Bedeutung. Oft ist sie lediglich Requisit, das den Himmelsraum des Zeichenblattes füllen hilft und dient ästhetischen oder auch nur realistischen Bedürfnissen. Wahrscheinlich müssen die meisten Sonnen auf Kinderbildern als bloßes Schema gedeutet werden, das der Konvention und Routine unterliegt."[36] Als echte Symbole dürfen nur solche Sonnen interpretiert werden, die affektiv besetzt sind.[37]

---

36 Halbfas (1991), a.a.O., 454.
37 ebd.

Diese Anmerkungen Halbfas' lassen sich auch auf die anderen „Ausschmückungen", die die Kinder bei der Gestaltung ihres Jesus-Bildes vorgenommen haben, übertragen.

Da die symbolische Ausdrucksfähigkeit aber in den nächsten Jahren zunimmt und Kinder im Grundschulalter Symbole mehr und mehr bewusst einsetzen, sollten symbolische Darstellungen auf den Bildern der Vorschulkinder immerhin wahrgenommen werden. Dazu gehören in meiner Stichprobe folgende Attribuierungen wie der Regenbogen, die Sonne, der Heiligenschein, Sterne, das Herz und das Kreuz.

Das Jesusbild im Lichte der Entwicklungspsychologie

Zwei große Themenblöcke, in denen die Kinder Jesus darstellen, zeichneten sich bei der quantitativen Analyse ab: Zum einen lassen sie ihn in einer ihnen bekannten neu-testamentlichen Erzählung auftreten („Der biblisch überlieferte Jesus"), zum anderen integrieren sie ihn in ihre eigene Denkweise („Jesus in der kindlichen Assimilation").

Nun soll der Frage nachgegangen werden, inwiefern sich die entwicklungspsychologischen Erkenntnisse in den Zeichnungen und Aussagen der Kinder niederschlagen.

„Der Regenbogen passt auf, dass Jesus nichts passiert"

Bei *Evelin* (6;0) ist Jesus ganz in der Phantasiewelt zu Hause, was vor allem bei dem anschließenden Gespräch über ihr Bild zum Ausdruck kommt. Anfänglich beschreibt sie ihr Bild:

Sie habe ein Kreuz gemalt und da unten einen Stein, das Grab, wo Jesus liegt; oben sei der blaue Himmel, zwei Wolken und der Regenbogen. Im weiteren Gesprächsverlauf erzählt Evelin, dass sie vom *Weihnachtsmann* ein Buch geschenkt bekommen habe, in dem die Geschichte zu lesen sei, in der Jesus ans Kreuz genagelt wurde. Der Regenbogen auf ihrem Bild passe auf, dass Jesus unten in der Erde nichts passiert. Die Sonne lache, weil eine Wolke sie verspeist. Auf die Frage, was denn Jesus alles kann, antwortete Evelin: Der kann auf Bäume klettern. Dann erzählt sie von den Heiligen Drei Königen, einer Holzfällerhütte und einer Sternschnuppe, und dass Jesus sich eine Frau gesucht habe, die er dann *in echt* geheiratet hat – eine Frau mit schwarzen Haaren wie er selbst; die Braut hatte ein weißes Kleid an.

Abbildung 9 (Evelin 6;0)

Zum Schluss sagte Evelin den schönen Satz: „Der Jesus kann auch gut mit Kindern umgehen." Diesem fügt sie noch einige Details der Weihnachtsgeschichte hinzu.

Evelins Jesus-Darstellung steht exemplarisch für viele Jesus-Vorstellungen der Vorschulkinder.

Auffällig ist darüber hinaus, dass vor allem Evelins Äußerungen von Assimilationsprozessen zeugen, obwohl ihr Bild bei der quantitativen Analyse der Kategorie „Der biblisch überlieferte Jesus" zugeordnet wurde. In ihren Äußerungen nimmt sie Jesus ganz selbstverständlich in ihre Lebenswelt auf, lässt ihn auf Bäume klettern und heiraten. So trifft man immer wieder auf das entwicklungspsychologische Phänomen der Assimilation.

„... Da sieht Gott 'ne Sternschnuppe, ... und da hat er sich gewünscht..."

Dorothee (5;10) malt ein Bild, auf dem Jesus nicht zu sehen ist; dennoch ist es unschwer zu erkennen, dass es sich hier um ein Vorstellung der Auferstehungsgeschichte handelt:

Abbildung 10 (Dorothee 5;10)

Dorothee ist sehr redefreudig: „Da sind zwei Mädels (links neben dem Höhleneingang) und da ist die andere Frau (im Höhleneingang), die wo grad de Jesus eincremt und da sieht sie dann den Engel (rechts neben dem Höhleneingang). Und da sind Sterne und da sieht der Gott 'ne/wo er noch vorher nicht gestorben ist, sieht er 'ne Sternschnuppe und da hat er sich gewünscht, dass er dann nicht sterbe und dass er frei ist, wenn er stirbt." Auf die Frage, wo denn

Jesus sei, erklärt Dorothee, dass er gerade in der Höhle eingecremt wird.

„Und da ist der Himmel und da ist en Freundschaftsstern und der ist dem Jesus sein Freund. Und der kommt auf d'Erde." Dann weist sie auf den Engel hin, der einen Zauberstab in der Hand hat. Auf die Frage, was er mit diesem machen würde, antwortet Dorothee: „Damit tut er die Höhle freimachen, weil die so schwer sind."

An diesem Beispiel wird sehr gut deutlich, was mit dem Begriff „Age of Magic", der von Lucie Barber geprägt wurde[38], gemeint ist: Zum einen haben und brauchen die Vorschulkinder ihr magisches Denken, um mit Begrenzungen in ihrem Denken umgehen zu können, zum anderen übt das Geheimnisvolle und Mystische einen ganz besonderen Reiz auf die Kinder aus.

So scheint Dorothee fasziniert zu sein von den Geschehnissen, die sich innerhalb der Auferstehungsgeschichte ereignen. Das Wunder der Auferstehung ist ein Thema, das sie anspricht und anzieht.

Jesus wird von dem Mädchen jedoch nicht gemalt, sondern es legt die Betonung auf den Engel, den Zauberstab, den Freundschaftsstern und die Sternschnuppe. Etwas Unerklärliches geschieht für Dorothee im Auferstehungsgeschehen, also baut sie ihr „Auferstehungsbild" ganz selbstverständlich in ihre magische Gedankenwelt ein und schmückt es mit magischen Attributen aus (Zauberstab, Sternschnuppe,…). Diese scheinen für sie sehr wichtig zu sein, denn die „magischen Passagen" erzählt sie mit relativ aufgeregter Stimme. Ein anderes Mädchen malte in diesem Zusammenhang ebenfalls den Engel mit einem (Zauber-) Stab in der Hand, mit dem er Jesus zum Leben erwecken möchte.

An dieser Stelle möchte ich auf eine Auffälligkeit hinweisen, die bei einigen anderen Bildern auch zu erkennen ist. Dorothee verwendet im Gespräch an zwei Stellen den Namen Gott, obwohl sie eigentlich Jesus meint. Es drängt sich

---

[38] Barber, L.W. (1981): The Religious Education of Preschool Children. Burmingham, 89.

die Vermutung auf, dass die Kinder im Vorschulalter Gott und Jesus verbal nicht unbedingt trennen und die beiden in einem ganz engen Zusammenhang gesehen werden.

Als Martin Schreiner anhand von 270 Kinderzeichnungen das Gottesbild der Vorschulkinder untersuchte[39], wurde „Das Motiv des Kreuzes"[40] und „Jesus am Kreuz und Gott"[41] bei vielen Kindern zum Bildinhalt.

Wie jedoch Jesus und Gott für die Vorschulkinder zusammengehören, bzw. wie das Jesusbild das Gottesbild der Kinder und umgekehrt beeinflusst und mitgestaltet, kann in diesem Rahmen nicht ausführlich diskutiert werden, da Vergleichsmaterial (Kinderzeichnungen, die das Gottesbild thematisieren) fehlt und es eine ganz neue, nicht vorgesehene Fragestellung aufwirft.

Jesus und der Osterhase

Fabian (6,10) malt ein sehr interessantes Bild: Er erzählt, dass er einen Berg, den Himmel, eine Blume, die Sonne und den Osterhasen gemalt habe. Der Berg hieße Golgatha und Jesus freue sich an der Sonne.

Auf die Frage der Erzieherin, was der Osterhase denn bei Jesus machen würde, antwortet Fabian: Der hat ihm was gegeben.

---

39 Vgl. Seite 28 und 35.
40 Schreiner (1998a), a.a.O., 270f. „Wie bei über zwanzig Prozent aller erhaltenen Kinderzeichnungen ist deutlich das Bildmotiv des Kreuzes zu erkennen [...] Ausnahmslos taucht das Kreuz immer in Verbindung mit einer anthropomorphen Gottesgestalt auf [...] Die weitaus überwiegende Zahl der Kinder, die Gott mit dem Symbol des Kreuzes in Verbindung bringen, bezieht sich allerdings auf das Kreuzesgeschehen Jesu."
41 Schreiner (1998a), a.a.O., 271f. Schreiner beschreibt in seinen Ausführungen, dass ein 5;5 Jahre altes Mädchen Jesus am Kreuz hängend malte und Gott eher unscheinbar unters Kreuz dazugesellte. „Festzuhalten bleibt bei diesem Bild insbesondere die enge Relation zwischen Jesus, Kreuz und Gott, die auch die Bilder eines 6,11 Jahre alten Jungen und eines 6,11 Jahre alten Mädchens dominiert."

Abbildung 11 (Fabian 6;10)

Fabians Bild ist ein sehr ausdrucksstarkes „Auferstehungsbild". Jesus steht lachend neben dem Berg Golgatha, auf dem statt des Kreuzes nun eine Blume blüht. Jesus ist sehr groß gezeichnet, das lässt auf seine Wichtigkeit für Fabian schließen. Sein gestreifter Mantel ist nach Fabians Aussage nichts Besonderes, sondern vielmehr ein Indiz dafür, dass *es früher so war*.

Jesus wird in „seiner" Geschichte dargestellt, die sich damals *(früher)* ereignet hat. Fabian scheint sich auf dem Übergang zur konkret-operationalen Phase zu befinden, er reflektiert Geschichten, die ihm erzählt wurden und passt sie in das beginnende logische Denken ein.

Dennoch ist auf seinem Bild der Osterhase zu sehen. Jesus neigt seinen Kopf und Blick leicht in dessen Richtung. Die beiden haben miteinander kommuniziert; vielleicht kann man anhand dieses Bildes die leise Vermutung äußern, dass Jesus bei Fabian einen ähnlichen Stellenwert hat wie der eines „imaginären Begleiters".

In der Darstellung eines anderen Jungen tritt Jesus ebenfalls neben solchen Symbolgestalten auf, was sich im Gespräch über sein Bild herausstellte; auf diesem ist Jesus überhaupt nicht zu sehen. Der Maler begründet dessen Abwesenheit damit, dass Jesus nun im Himmel sei, wo auch das Christkind und der Weihnachtsmann sich aufhalten.

Auch John M. Hull hält in seinem Buch „Wie Kinder über Gott reden!" eine Gesprächsnotiz zwischen einem Kind und dessen Vater/Mutter fest, die die oben genannten Beispiele unterstreicht und Jesus eine ähnliche Funktion zuweist, wie die eines „imaginären Begleiters", nämlich die eines „unsichtbaren Freundes":

Kind (5 3/4 Jahre alt):	Ich hab' vier unsichtbare Freunde.
Vater/Mutter:	Wen denn?
Kind:	Maria, Jesus, Gott und den Heiligen Geist.
Vater/Mutter (lachend):	Wer hat dir denn das gesagt?
Kind:	Das hat mir mein Herz gesagt. (Pause) Mein Gehirn hat mir das gesagt. (lacht) Redet mein Gehirn mit mir? Sagt es, hallo (Namen des Kindes)?[42]

Jesus mit dene Wackelpuddingmuskeln

Tobias (6;3) malt folgendes Bild von Jesus:

Abbildung 12 (Tobias 6;3)

---

42 Hull, J. (1997): Wie Kinder über Gott reden! Ein Ratgeber für Eltern und Erziehende. Gütersloh, 39.

Innerhalb der quantitativen Analyse ist Tobias' Bild unter der Kategorie „Jesus in der kindlichen Assimilation" wiederzufinden – folgendes Gespräch entwickelte sich nach der Malphase:

Tobias:	Der Jesus mit dene Wackelpuddingmuskeln. ... wenn jemand kommt und da draufhaut, dann fliegt der gleich weg. ...
Erzieherin:	Seine Freunde meinst du?
Tobias:	Nee, die anderen.
Erzieherin:	Welche anderen?
Tobias:	Die Bösen.
Erzieherin:	Sind denn Puddingmuskeln starke Muskeln oder schwache?
Tobias:	Starke.

Die Erzieherin erklärt im Anschluss an das Gespräch mit Tobias, dass dieser ein Schulanfänger sei, und dass Muskeln, Kraft und Stärke momentan ein ganz großes Thema bei ihm und seinen Freunden darstellen würden.

Tobias integriert Jesus in seine Lebenswelt. Vielleicht durch Fernsehhelden angeregt, baut er Jesus in seine phantastische bzw. magische Gedankenwelt ein. Sein Jesusbild erinnert an das Beispiel, das Rudolf Englert von seinem Sohn vorstellte, in dessen Phantasiewelt Jesus gegen das Böse kämpft.[43] Jesus ist für Tobias ein Held, der das Böse besiegt, den er mit Aspekten eines Fernsehhelden assoziiert.

Natürlich könnte im weitesten Sinne auch eine „narzisstische Identifikation" mit Jesus vorliegen:

Tobias würde dann in den „Super-Helden" alles das projizieren, was er gerne wäre: stark und kräftig, mit viel Mut für seinen Schulanfang.

---

43 Vgl. Seite 31.

„…des ist der Jesus-Papa…"

Karoline (5;2) stellt Jesus in seiner Familie dar. Er ist der „Jesus-Papa":

Abbildung 13 (Karoline 5;2; Bildausschnitt)

Karolines Bild ist sehr wirkungsvoll. Sie malt Jesus als Papa. Leider ist nicht mehr genau zu rekonstruieren, welche der dargestellten Figuren Jesus verkörpern soll. Ihren Äußerungen zufolge, sie zählt die Figuren der Reihe nach auf, müsste er die Person unter dem Regenbogen sein: Das ist das Baby, des ist Papa, das des Mädchen-Baby, des der Jesus-Papa, des das Bruder-Baby, des die Mama, des die Schwester, des die Oma, der Opa, der Bruder, er ist böse zu den Eltern, zu dem Baby…

Auffällig ist bei Karoline, dass sie Jesus als Papa darstellt. Sie stellt ihn äußerst positiv und freundlich, mit einem fröhlichen Gesichtsausdruck dar. Karoline assimiliert Jesus in ihre eigenen familiären Verhältnisse und identifiziert sich mit ihm als Vaterfigur. Sie nennt ihn nicht „Jesus-Vater", sondern liebevoll „Jesus-Papa".

Möglicherweise ist Jesus in Karolines Vorstellung schon zum „idealen Leitbild" geworden: Jesus, der für sie wie ein Vater ist und dessen Qualitäten besitzt. Durch die freundliche Ausgestaltung ihrer Jesus-Figur kann man davon ausgehen, dass es hier gelungen ist, Jesus so zu vermitteln, dass er dem Kind als eine gütige und freundliche Bezugs- und Identifikationsperson erscheint.

Von sehr vielen Kindern, wie auch von Karoline, wird Jesus, in Verbindung mit anderen Personen dargestellt (mal mit seinen Eltern, mal ist er selbst Vater, mal tritt er mit seinen Freunden auf, mal mit seiner Frau, ...), sowohl in den Zeichnungen direkt als auch bei den Bilderklärungen der Kinder; sie sehen Jesus unter kommunikativen Aspekten, was auf ein affirmatives Jesus-Konzept schließen lässt.

Anhand der sechs Beispiele lässt sich sehr gut erkennen, dass das Jesusbild der Vorschulkinder sehr stark von den entwicklungspsychologischen Besonderheiten, die für diese Altersstufe maßgeblich und signifikant sind, geprägt ist.

Innerhalb dieser Studie sollen diese sieben Jesus-Darstellungen genügen, um auf den Einfluss entwicklungspsychologischer Tatsachen hinzuweisen.

*Zusammenfassung der Untersuchungsergebnisse
und Konsequenzen für die religions-pädagogische Arbeit*

Die Kinder waren sehr spontan und offen. Ganz selbstverständlich malten sie für die Umfrage ihr ganz individuelles Jesusbild. Auch die anschließenden kurzen Gespräche über das Gemalte verliefen recht ungezwungen.

Folgendes Resümee der Untersuchung lässt sich festhalten:
- Kinder im Vorschulalter *haben* eine Vorstellung von Jesus; diese gestaltet sich in einer vielfältigen und facettenreichen Art und Weise. Die meisten Kinder malen Jesus als anthropomorphe Gestalt auf ihr Blatt. Die Kinder, die das nicht tun, äußern sich häufig im anschließenden Gespräch über Jesus. Nur etwa 11% der Mädchen und Jungen

nehmen weder beim Malen noch beim anschließenden Gespräch Bezug auf Jesus.
- Das Jesusbild der Vorschulkinder scheint sehr positiv konzipiert zu sein. Abgesehen von wenigen Bildern, die die Passionsgeschichte thematisieren, ist Jesus in vielen Fällen als fröhliche, manchmal lachende Figur zu erkennen.
„Der biblisch überlieferte Jesus" und „Jesus in der kindlichen Assimilation" stellen zwei große Kategorien dar, innerhalb welcher sich das Jesusbild der Vorschulkinder inhaltlich ausgestaltet.
- Vor allem bei den Kindern, die sich auf dem Übergang von der präoperationalen zur konkret-operationalen Phase (Piaget) bzw. von der intuitiv-projektiven zur mythisch-wörtlichen Glaubensstufe (Fowler) befinden, treten „assimilierte Jesus-Konzepte" zugunsten „biblisch überlieferter Jesus-Konzepte" in den Hintergrund.
- Bei den heutigen Vorschulkindern liegt keine signifikante „narzisstische Identifikation" mit Jesus vor, wie sie Mailhiot in seiner Studie aufgezeigt hat. Auch kann der Schluss, den Longhardt/Urbach aus ihren Umfrageergebnissen gezogen haben, nämlich, dass Kinder sich überwiegend mit Jesus als dem Wundertäter identifizieren bzw. ihn mit Fernsehstars konkurrieren lassen, so nicht bestätigt werden.
- In den Jesus-Konzepten der Vorschulkinder stößt man unweigerlich auf deren „Eigenständigkeit und Andersheit".

Die Ergebnisse dieser explorativen Studie werfen natürlich weitere Fragen und Überlegungen auf.
- Zum einen wäre zu überlegen, ob ein längeres und intensiveres Gespräch im Anschluss an die Malphase nicht sinnvoll wäre. Man könnte dann mit dem einzelnen Kind mehr in die Tiefe gehen, so dass es nicht nur deskriptive Aussagen über das Bild gibt, sondern mehr über seine Jesus-Beziehung zum Ausdruck kommt.[44]

---

44 Eventuell wäre es auch sinnvoll, dass jedes Kind einzeln malt, um den „Werdegang" des Bildes im Ganzen mitzubekommen und auf wichtige Äußerungen des Kindes, die es beim Malen ausspricht, aufmerksam zu

- Vielleicht wäre ein Kreisgespräch eine weitere Methode, um etwas über das Jesusbild der Vorschulkinder zu erfahren. Man könnte den Kindern einen Impuls geben, auf den hin sich ein offenes und natürliches Gespräch entwickelt. Wobei hier zu bedenken wäre, dass der zeitliche Rahmen recht knapp gesteckt sein müsste, um die Kinder nicht zu überfordern.
- Interessant wäre bei einer größer angelegten Untersuchung den geschlechtsspezifischen Unterschied des Jesus-Konzeptes herauszuarbeiten.
- Jesus – Gott, die Beziehung zwischen beiden, die hier nur am Rande betrachtet werden konnte, wäre eine wichtige Aufgabenstellung für eine weitere Studie.
- Inwiefern sich das Jesusbild religiös sozialisierter Kinder von dem anderer unterscheidet und ob das Jesusbild eventuell vom Elternbild bzw. von der familiären Situation abhängt, ließ sich aufgrund der geringen Kenntnisse und Angaben innerhalb dieser Untersuchung nicht beantworten, wäre aber ein Thema für weitere Forschungen.

Besonders wichtig bei all diesen Forschungen ist es, die Auffassungen der Kinder ernst zu nehmen, ganz im Sinne der „Theologie vom Kinde aus".[45] Es ist nicht ratsam, den Kindern einfach ein Jesusbild „vermitteln" zu wollen, selbst wenn dieses theologisch (aus der Erwachsenenperspektive) fundiert zu sein scheint. Man muss akzeptieren, dass Kinder ihre eigenen Erfahrungen und Bilder mitbringen und aktive Subjekte sind.

---

werden. „Oft gelingt es, dass ein Kind während des Malens redet oder durch seine Bilder sagen kann, was es sonst ‚nicht weiß'." Zoller, E. (1997): Die kleinen Philosophen. Vom Umgang mit „schwierigen Kinderfragen". Freiburg u.a., 18.

[45] Was nichts anderes bedeutet, als dass man versucht, die Sichtweise des Kindes einzunehmen und diese gleichwertig neben der des Erwachsenen stehenzulassen; das, was Kinder glauben, darf nicht als Vorstufe zum „reifen Erwachsenenglauben" angesehen werden, sondern muss als eigene, vollwertige Glaubensstufe anerkannt werden.

Auch wenn religiöse Erziehung in den Familien heute oft keine Rolle mehr spielt und die Kinder hier kaum religiöse Impulse bekommen, machen die beeindruckenden Ergebnisse der Untersuchung Mut, weiter „am Ball zu bleiben".

Schließen möchte ich mit Worten Martin Schreiners, der Folgendes zu bedenken gibt:
„Es sollte nicht so sehr über ‚religiöse Verelendung' oder ‚Traditionsabbruch' u.Ä. geklagt werden, sondern es sollten vielmehr mit aller Kraft die religionspädagogischen Schätze gehoben werden, die ein ‚Theologietreiben' mit Kindern verspricht."[46]

„Kinder als Theologen", „Theologie vom Kinde aus" ... das sind Schlagworte, die erfreulicherweise die aktuelle Religionspädagogik prägen, vgl. z.B. Bucher, A.A. (1995): „Das Kind als Theologe". In entwurf 1995, 1, 8ff.; Büttner, G. (1998): „Die khindlen haben so feine gedancken de deo (über Gott) - Martin Luther. Möglichkeit und Notwendigkeit einer Kinder-Theologie. In entwurf. 1998, 1, 21-26.; Müller, P. (1998): „‚Er stellte ein Kind in die Mitte'". In entwurf. 1998, 1, 3-5.

46 Schreiner, M. (1998b): „Wir haben's einfach vergessen" Zur religiösen Situation von Kindern heute. In Religion heute, 1998, 36, 221.

Das Jesusbild Leipziger Schüler im Religionsunterricht und zu Hause

Ein Beitrag zur empirischen Christologie und zum Religionsunterricht in gemischt zusammengesetzten Gruppen

HEIDE LIEBOLD

Der folgende Beitrag berichtet von einer Leipziger[1] Miniaturstudie zur empirischen Christologie von Kindern und verfolgt dabei zwei Interessen: Am Beispiel einer Unterrichtsstunde zum Thema Jesus Christus soll zum einen der Frage nachgegangen werden, wie sich christlich nicht oder wenig sozialisierte Kinder über Jesus äußern. Was halten sie von Jesus? Ist er ihnen Freund oder Fremder, sagenhafter Held, Märchengestalt, historisch bedeutsame Figur oder einfach Lernstoff? Zum anderen ist die Unterrichtssituation als solche von Interesse. Welche Schwierigkeiten oder Chancen werden im Unterricht in gemischt zusammengesetzten Gruppen wirksam? Was passiert in einem Unterricht, in dem sich Kinder mit unterschiedlichen religiösen Vorerfahrungen über Jesus unterhalten? Kommt es zu Auseinandersetzungen um das rechte Verständnis Jesu oder finden die Schüler zu

---

1 Im evangelischen Religionsunterricht in den neuen Bundesländern sind Schülerinnen und Schüler mit unterschiedlichen religiösen Erfahrungen und Voraussetzungen beisammen. Der Anteil der Konfessionslosen schwankte 1994 je nach Region, Schulart und Klassenstufe zwischen 9 und 75 Prozent. Hanisch, H./ Pollack, D. (1997): Religion – ein neues Schulfach. Eine empirische Untersuchung zum religiösen Umfeld und zur Akzeptanz des Religionsunterrichts aus der Sicht von Schülerinnen und Schülern in den neuen Bundesländern. Leipzig, 43.

einer gemeinsamen Meinung über Jesus? Und schließlich: Ist gemeinsames Lernen im Religionsunterricht möglich? Wodurch wird es gefördert und wodurch eher behindert?

Der Frage, was nicht oder kaum christlich sozialisierte Kinder von Jesus halten, soll mit Hilfe eines Forschungsdesigns von Gerhard Büttner und Hartmut Rupp nachgegangen werden. Büttner und Rupp hatten eine Modellstunde zum Thema Jesus Christus in zahlreichen westdeutschen Religionsklassen durchführen und aufzeichnen lassen.[2] Die so entstandenen Unterrichtsprotokolle bilden für Büttner die Grundlage einer Analyse der Christologie von Kindern.[3] In der dreiteiligen Modellstunde sollen Schülerinnen und Schüler angeregt werden, ihre Vorstellungen von Jesus zu äußern. Im ersten Teil der Stunde wird ihnen eine den biblischen Wundergeschichten nachempfundene Dilemmageschichte vorgegeben, zu deren Fortgang sich die Schülerinnen und Schüler äußern sollen. Im zweiten Teil sollen die Kinder ihre Vorstellungen von Jesus anhand einer Bildbetrachtung zum Ausdruck bringen und im dritten Teil soll durch die Lehrkraft ein Gespräch zur Frage der präsentischen Christologie angeregt werden. Im Zusammenhang einer Leipziger Miniaturuntersuchung fand diese „Jesusstunde" in drei Unterrichtsgruppen an drei verschiedenen Mittelschulen statt. Der folgende Beitrag widmet sich einer Gruppe von vier Schülern aus zwei Parallelklassen der Jahrgangsstufe 5, die zum Untersuchungszeitpunkt (Frühsommer 1999) seit einem Schuljahr von einem Pfarrer im Fach evangelische Religion unterrichtet wurden.

Da aufgrund der Teilnahmezahlen in den allermeisten Schulen klassenübergreifende, manchmal auch jahrgangsübergreifende Unterrichtsgruppen gebildet werden müssen, stellen gruppendynamische Pozesse und gegebenenfalls altersbedingte Entwicklungsunterschiede zusätzliche Anforderungen an das pädagogische Können der Lehrkräfte.

2 Vgl. Büttner, G./ Rupp, H. (1996): Wie Kinder von Jesus sprechen. entwurf 1996, 1, 26–32 und dies. (1999): „Wer sagen die Leute, dass ich sei?" (Mk 8,27). Christologische Konzepte von Kindern und Jugendlichen. In Jahrbuch der Religionspädagogik 15, 31–47.

3 Büttner/ Rupp (1999), a.a.O.

Leitender Gedanke bei der Wahl gerade dieser Gruppe war zum einen die Annahme, das Unterrichtsgeschehen in einer zahlenmäßig kleinen Gruppe besonders detailliert und mit Blick auf jeden einzelnen Schüler nachzeichnen zu können. Zum anderen bestand durch die Kooperationsfreude der Eltern die Möglichkeit, mit allen vier Schülern zu Hause ein Einzelgespräch zu führen, wodurch die Einstellungen der Kinder zum Fach Religion, zu ihren Mitschülern, ihrem Religionslehrer und ihr jeweiliges Bild von Jesus Christus noch besser greifbar wurden. Zudem konnten durch die Einzelgespräche Eindrücke aus der Unterrichtsstunde noch einmal überprüft und kontrastiert werden. Gespräche mit den Eltern zu deren Erwartungen an den schulischen Religionsunterricht rundeten die Untersuchung ab und brachten manche Überraschung.[4]

Es ergibt sich folgende Gliederung: Im ersten Teil (I) wird der Verlauf der Unterrichtsstunde in der ausgewählten Gruppe vorgestellt. Das besondere Augenmerk gilt dabei dem Lernweg, den die vier Schüler zusammen zurücklegen, um zu einer gemeinsamen Lösung der Dilemmageschichte zu kommen. Zum anderen werden auch Kontroversen der Schüler und Unterschiede in ihrem Kommunikationsverhalten dokumentiert. Der zweite Teil (II) gibt ein Abbild der soziometrischen Strukturen der Viererguppe. Im dritten Teil (III) begegnen uns die vier Kinder noch einmal im Einzelgespräch. Ihre Einschätzungen zum Religionsunterricht und zu Jesus Christus werden zu den Äußerungen aus dem Unterrichtszusammenhang in Beziehung gesetzt. Im letzten Teil des Beitrages (IV) werden die Analysen des Unterrichtsprotokolls, des Soziogramms und der Interviews unter dem Aspekt des gemeinsamen Lernens im Religionsunterricht zusammengefasst. Ein Fazit aus forschungspraktischer Sicht beschließt den Beitrag.

---

4 Vgl. den Beitrag Liebold, H. (2000): „Ich gehe da nicht unbedingt nach der Masse". Eine religionspädagogische Miniatur zu den Erwartungen von Eltern aus Leipzig an den Religionsunterricht in der Schule. In Hahn, M. u.a. (Hg.) (2000): Religiöse Bildung und religionskundliches Lernen an ostdeutschen Schulen – Dokumente konfessioneller Kooperation. Münster, 33–42.

I. Sascha, Marcel, Thomi und Micha im Religionsunterricht

Nach Auskunft des Pfarrers, der die Kinder sonst unterrichtet, wächst keines der vier Kinder dieser Unterrichtsgruppe in einem christlich geprägten Elternhaus auf. Für die Modellstunde übernehme ich selbst die Rolle der Religionslehrerin. Die Zeit zwischen Unterrichtsschluss am Mittag und Beginn der Religionsstunde am Nachmittag verbringt Marcel, der in der Nähe wohnt, zu Hause. Micha bleibt meistens auf dem Schulgelände, Sascha und Thomi besuchen in dieser Zeit häufig ein nahe gelegenes Einkaufszentrum. Von dort kommen Sascha und Thomi auch an diesem Tag mit etwa zehn Minuten Verspätung zum Religionsunterricht. Die „Jesusstunde" beginnt mit der Erzählung der Dilemmageschichte:

> Maria und David spielen am Strand des Sees Genezareth. Es ist Abend. Der Tag war sehr heiß. Jetzt kommt ein leiser Wind. „Schön", sagt Maria. „Endlich ist es nicht mehr so heiß." Sie laufen mit den nackten Füßen ins Wasser hinein. Der Strand ist flach. Das kühle Wasser tut gut. „Schau mal dort drüben!" „Was ist? Da fahren Petrus und Jakobus hinaus auf den See." „Was machen die jetzt da draußen? Fischen tut man doch am Morgen!?" „Ach sie wollen sich wohl erholen. So eine Bootsfahrt am Abend ist schön. Am liebsten wäre ich auch dabei." „Hast du keine Angst vor dem Boot fahren?" „Ich? Warum?" „Weißt du nicht, vor zwei Wochen sind auch einige hinausgefahren. Und dann kam urplötzlich ein großer Sturm. Das Schiff kippte um und alle sind ertrunken. Fünf Leute. Ganz Kapernaum hat getrauert." „Ach was. Ich habe keine Angst. Und heute gibt es bestimmt kein Unwetter." „Bist du dir so sicher?" Die beiden suchen Muscheln am Strand. Da kommen Deborah und Thomas dazu. „Kommt, wir spielen Ball." „Ja, Ball spielen ist schön." Die vier spielen Ball. Das Ballspielen macht Spaß. Sie merken gar nicht, wie der Himmel dunkel wird und die Wolken sich zusammenziehen. Thomas merkt es als Erster. „Da schau! Es wird ganz dunkel." Maria schaut zum Himmel. Tatsächlich. Eine Wolke dunkler als die andere. Und der Wind beginnt stärker zu werden. Gerade noch war es ein laues Windchen, doch jetzt ist der Wind schon heftiger. Langsam wird es bedrohlich. Maria: „Und was ist mit Petrus und Jakobus? Sie sind meine beiden Onkels. Sie sind draußen auf dem Meer." Tatsächlich, draußen sehen sie das Boot. Es hat die Segel eingezogen.

Es sieht so aus, als käme es nicht mehr weiter. Es sieht so aus, als bleibt es mitten auf dem See stehen. Es fängt an zu schaukeln. Es fängt an, aufgeregt auf dem Wasser zu hüpfen. Mal hoch, mal runter. Das Boot wird immer aufgeregter. Thomas auch. „Ach du liebe Zeit! Denk doch an die Leute vor vierzehn Tagen. Wenn wieder so etwas passiert. Wenn die auch kentern. Die können doch alle gar nicht schwimmen. Und wenn sie schwimmen könnten, die Wellen sind viel zu stark. Sie reißen sie in die Tiefe." „Ja, was können wir tun?" Deborah sagt: „Wir können gar nichts tun. Die sind verloren. Die haben keine Chance. Komm, wir schauen gar nicht mehr hin." David schreit: „Wir müssen ins Dorf. Die sollen ein großes Boot hinausschicken mit starken Ruderern. Die müssen sie retten. Mit dem kleinen Boot haben die da draußen keine Chance!" „Ach, das große Boot. Das ist auch zu schwach", ruft Deborah. „Niemand kann mehr helfen." „Doch, zehn Männer schaffen es." „Wirklich?" Thomas zweifelt. Als sie gerade noch miteinander sprechen, kommt ein Mann auf sie zu. Es ist Jesus, der Prophet aus Nazareth, der Rabbi. Thomas sagt: „Jesus, deine Freunde sind da draußen auf dem Meer!" Maria ruft: „Sie sind in Lebensgefahr! Vor zwei Wochen sind fünf Leute ertrunken und der Himmel sah genauso aus wie jetzt. Jesus tu was, es sind deine Freunde!" Deborah aber meint: „Du kannst auch nichts mehr machen. Sie sind alle verloren."

An dieser Stelle soll die Frage an die Kinder gerichtet werden, wie sie sich den Fortgang der Geschichte vorstellen. Die vier Jungen beteiligen sich an der Diskussion über die Seenotgeschichte unterschiedlich intensiv. Alle Lösungsvorschläge beziehen ein Handeln Jesu mit ein. Die Varianten, der Sturm ende von selbst bzw. die Rettung werde ohne Jesus bewerkstelligt, werden von ihnen – anders als in den hier nicht vorgestellten anderen beiden Leipziger Gruppen – nicht vertreten. Dies mag damit zusammenhängen, dass zu Unterrichtsbeginn angekündigt wurde, in dieser Stunde solle es um Jesus Christus gehen. Das Eingreifen Jesu wird dabei im wesentlichen wunderhaft gedacht. So gewinnt auch die Aktion „Seenotrettung" im Laufe des Schülergesprächs zunehmend wunderhafte Züge. Das Gelingen der Aktion ist in der Sicht der Schüler davon abhängig, dass Jesus das Rettungsboot durch ein Machtwort bzw. durch Handauflegung gegen das Untergehen wappnet.

Während Micha nur nach Aufforderung das Wort ergreift, entspinnen sich zwischen Sascha und Marcel bzw. zwischen Sascha und Thomi mehrere Gesprächsgänge, in deren Verlauf sich komplexere Lösungsmöglichkeiten abzeichnen. Im Folgenden werden wichtige Stationen des Schülergesprächs nachgezeichnet.

Erste Vermutungen zum Fortgang der Seenotgeschichte

Auf meine Eingangsfrage „Was denkt ihr, wie die Geschichte weitergeht?" zeigen die Schüler folgende Reaktionen:

Marcel:	Die stellen vielleicht eine Truppe aus Männern zusammen, und die retten die dann. Und dann ziehen die die an Land und dann ist alles wieder o.k.
Sascha:	War Petrus nicht auch so ein Heiliger?
L:	Ja, da gab es einen. Aber vielleicht heißt der auch nur zufällig so. Was denkst du, wie die Geschichte weitergeht?
Sascha:	Die Fische ziehen die wieder an Land. ((Lacht.))
Thomi:	Jesus lässt ein Wunder geschehen.
L:	Hm. Woran denkst du da?
Thomi:	Na ja, da sagt er was und dann geht das weg oder so.
L:	Was sagt er da?
Sascha:	„Sonne husch, husch, husch, komm her!" Oder sowas. ((Lacht.))
L:	Was meinst du, Micha, wie es weitergeht?
Micha:	Vielleicht betet der Jesus. Und dann wird alles besser.
L:	Warum denkst du, dass Jesus da was machen kann?
Sascha:	Weil es Gottes Sohn ist.
L:	Da war ja auch noch das Mädchen Deborah. Die sagt ja, Jesus, du kannst da auch nichts mehr machen, die sind alle verloren. Liegt die denn völlig falsch?
Sascha:	Ja, denk' schon.
L:	Und warum?
Sascha:	Die meisten Geschichten haben ein Happy End.

Während Marcel in Richtung Aktion „Seenotrettung" denkt, plädieren Sascha und Thomi für ein wunderhaftes Geschehen und Micha nimmt ein Gebet Jesu an. Auffallend ist das Kommunikationsverhalten von Sascha, der dazu neigt, Antworten anzubieten, sobald seine Kameraden einen Moment überlegen oder nicht weiter wissen. Inhaltlich wirken seine Äußerungen disparat. Über seine Vorschläge, die Fische zögen das Boot an Land bzw. Jesus spreche eine Art Zauberspruch, muss er selbst lachen. Es scheint, als suche Sascha zunächst eine ironische Distanz zur Geschichte oder als erprobe er, ob es sich lohne, sich auf das Gespräch überhaupt ernsthaft einzulassen. Mit seiner Äußerung „Weil es Gottes Sohn ist." scheint Sascha nun eine nicht scherzhaft gemeinte Antwort zu geben. Unklar bleibt dabei zunächst, welchen Stellenwert Sascha der Gottessohnschaft Jesu für den guten Ausgang der Geschichte beimisst, wenn er der Meinung ist, die meisten Geschichten (der Bibel) hätten gewissermaßen schematisch ein „Happy End". Ich frage deswegen noch einmal nach:

L: Kannst du dazu noch ein bisschen mehr erzählen? Was bedeutet das denn, Jesus ist Gottes Sohn?
Sascha: Na ja, der wird so mächtig sein wie der und die zurückholen.
L: Und wie macht er das?
Sascha: Er betet.
L: Er betet. Und dann?
Sascha: Weiß ich nicht.
L: Wenn du mal überlegst, was könnte dann passieren?
Sascha: Dann gehen die Wolken weg und das Wasser wird ruhig. Dass die nicht ertrinken. Und dass die Sonne wiederkommt.

Sascha bringt die Gottessohnschaft mit zwei Merkmalen Jesu in Verbindung. Zum einen ist Jesus für ihn so „mächtig" wie Gott, weshalb er die Verunglückten zurückholen werde. Nach dem Wie dieses Zurückholens gefragt, nimmt Sascha dann kein unmittelbares Eingreifen, sondern ein Gebet Jesu an. An diesem Punkt des Gesprächs lässt Saschas Vorstellung von Jesus als dem Sohn Gottes mithin zwei Aspekte erkennen: Jesus hat zum einen an der göttlichen Macht Anteil, gehört also auf die Seite Gottes. Die Vorstellung vom Gebet Jesu, zuerst von

Micha geäußert, scheint zur Vorstellung vom mächtigen Jesus nicht so gut zu passen. Im Laufe der Stunde wird Sascha sich noch ausführlicher zum Beten äußern.

Von der Aktion „Seenotrettung" zum Wunder nach biblischem Vorbild

Im nächsten Gesprächsgang bitte ich Marcel, seine Vorstellung von der Aktion „Seenotrettung" zu erläutern.

L:	Der Marcel hat vorhin gesagt, ein paar Männer, eine Truppe müssten die zusammenstellen.
Marcel:	Ja.
L:	Willst du mal erzählen, wie das dann weitergehen könnte?
Marcel:	Da geht Jesus vielleicht zu dem Schiff und sagt zu dem Schiff: „Bitte geh' nicht unter." Und dann geht es nicht unter.
L:	Und wie kommt er da hin? Das Schiff ist ja ziemlich weit draußen.
Marcel:	Der ist auf dem Schiff, mit dem die da raus fahren.
L:	Ach so, der ist auf dem Schiff mit drauf.

Im Vergleich zur allerersten Äußerung Marcels spielt Jesus jetzt eine wichtige Rolle bei der Seenotrettung. Aus seiner Schilderung wird deutlich, dass die Rettungsaktion zum Teil wunderhafte Züge trägt. Jesus spricht zu dem Rettungsboot, macht es dadurch unsinkbar und wird somit zum Garant der Rettung. Wichtig an Marcels Variante ist, dass Jesu Machtwort nicht – wie ich seine Antwort zunächst auffasste – an das Schiff, das sich bereits in Seenot befindet, gerichtet ist. Anders als in der biblischen Sturmstillungsgeschichte ist es nicht ein in göttlicher Vollmacht gesprochenes Wort Jesu allein, das die Rettung bringt. Dort bringt Jesus mit einem Machtwort den Sturm zum Verstummen. Hier dient Jesu Wort zur Vorbereitung der Rettungsaktion der hinausfahrenden Männer. Aus den Äußerungen Marcels ist zu schließen, dass er in Jesus eine Person sieht, die ihre wunderbaren Fähigkeiten gezielt dazu einsetzt, das Gelingen menschlicher Handlungen zu ermöglichen.

Im folgenden Teil des Unterrichtsgesprächs entspinnt sich eine Diskussion darüber, wie Jesus zu dem draußen auf dem See liegenden Schiff gelangen könnte.

Sascha: Der läuft über's Wasser und dann/
Thomi: Das habe ich mir auch grad gedacht.
Sascha: Da gibt es doch auch so eine/ Ach, nee, das war Mose, der über's Wasser läuft?
Marcel: Nee, der hat das so zur Seite gemacht ((breitet die Arme auseinander)).
Sascha: Ich dachte, der ist über's Wasser gelaufen.
Thomi: Der läuft über's Wasser, nimmt das Boot und zieht es an Land.
Marcel: Wenn da Eis ist, kann er drüber laufen.
L: Wenn das Wasser Eis ist, kann man drüber laufen. Aber da ist jetzt ja Sommer.
Sascha: Der läuft über's Wasser einfach.
L: Einfach so, auch ohne Eis?
Sascha: Ja, denk' ich schon.
L: Wieso kann er das?
Marcel: Weil Gott bei ihm ist?
L: Woher wisst ihr das denn, dass Jesus sowas kann, z.B. über's Wasser laufen?
Marcel: Na ja, weil er der Sohn Gottes ist und der kann bestimmt was machen. Da sagt der zu Jesus: „Los, lauf jetzt über's Wasser, du kannst das jetzt."

Sascha und Thomi bringen das biblische Motiv des Seewandels ins Gespräch, das von Sascha mit Mose verknüpft wird. Marcel stellt die Dinge richtig und bringt das Motiv der Teilung der Wasser ein. Sascha und Thomi schenken der Äußerung von Marcel jedoch wenig Beachtung und bleiben beim Seewandel. Dagegen gibt nun Marcel seinen Bedenken Ausdruck: „Wenn Eis da ist, kann er drüber laufen." Marcel spricht damit aus, dass der Wandel über den See nicht ohne weiteres mit dem naturwissenschaftlichen Bild von Welt und Wirklichkeit vereinbar ist. Während Sascha an der Vorstellung vom Seewandel festhält, ohne dafür Begründungen zu geben, versucht Marcel eine Antwort auf meine Frage, wieso Jesus das kann. Dabei greift Marcel auf sein denkerisches Konstrukt aus dem vorhergehenden Gesprächsgang zurück. So wie Jesus vorher zu dem Boot gesprochen hat, spricht nun Gott zu Jesus. Wie beim vorigen Mal bewirkt das gesprochene Wort das Gelingen einer Handlung. Marcel gibt mit seiner Theorie dem Begriff „Sohn Gottes" eine weitere Füllung: Jesus als der Sohn Gottes empfängt von Gott die Weisung zum rettenden Eingreifen und wird von Gott dazu instand gesetzt, naturgesetzliche Zusammenhänge temporär zu durchbrechen.

Ist Jesus ein Science-Fiction-Held? Kann Jesus untergehen?

Beim Spekulieren über den Ausgang der Geschichte stoßen die Schüler auf weitere interessante Fragestellungen.

L:	Jetzt haben wir von Micha noch gar nicht so viel gehört. Sagst du mal, wie deiner Meinung nach die Geschichte weitergeht?
Micha:	Na ja, der holt das Boot da irgendwie ran.
Marcel:	Der streckt die Hände aus und dann kommt das Boot her.
L:	Der streckt die Hände aus.
Sascha:	Der nimmt irgend so ein Ding, wie in einem Science-Fiction, wo dann so ein Streifen kommt, so ein Laser, und der zieht das dann an Land.
L:	Aha.
Sascha:	Aber das gab's damals noch nicht.
L:	Wenn es das noch nicht gab, wie könnte es denn dann gewesen sein?
Thomi:	Der setzt sich auf's Boot und geht dann selber unter.
Sascha:	Ha, ha, ha.
L:	Du denkst, es könnte sein, dass er mit untergeht?
Thomi:	Hm.
Sascha:	Das geht normalerweise gar nicht.
L:	Was geht nicht?
Sascha:	Dass er mit untergeht. Der würde bestimmt nicht erst auf das Boot drauf gehen.

Micha hat sich bislang nur wenig und nur auf Nachfrage am Gespräch beteiligt. Dennoch erweist sich seine eher einsilbige Aussage als Anfangspunkt einer Gedankenkette, in deren Verlauf die Schüler verschiedene Vorstellungen über Jesus äußern, abwägen und manches auch wieder verwerfen. Weder Marcel noch Sascha geben sich mit der Aussage, Jesus hole das Boot „irgendwie" heran, zufrieden. Sie bieten verschiedene Vorstellungen an. Für Marcel, der wohl noch die vorher von Sascha ins Gespräch gebrachte Figur des Mose vor Augen hat, ist es plausibel, dass das Boot durch das Ausstrecken der Hände Jesu zurückkommen wird. Für Sascha ist dieser Vorgang mit einer Situation aus dem Science-Fiction vergleichbar. Ein Laserstrahl kann seiner Meinung nach durchaus ein Boot an Land ziehen. Das Weltbild von Sascha ist offenbar recht stark durch phantastische Weltraum-Serien geprägt. Dies führt dazu, dass technische Fictionen, die durchaus eine Durchbrechung des bisher bekannten naturwissenschaftlichen Erkenntnisbestandes bedeuten, für ihn anscheinend bereits Wirklichkeitscharakter haben. Für möglich bzw. für wirklich wird in dieser Sicht gehalten, was dem naturwissenschaftlichen Weltbild entspricht oder es in Richtung noch weitergehender Technisierung in phantastischer Weise überbietet. Für unmöglich bzw. unwirklich wird gehalten, was hinter dem naturwissenschaftlichen Weltbild zurückbleibt und kulturgeschichtlich der Vergangenheit zugerechnet wird. An die Feststellung Saschas, jenes Laserinstrument habe Jesus damals noch nicht zur Verfügung gestanden, schließt Thomi die Vermutung an, Jesus werde mit dem Boot untergehen. Sascha reagiert zunächst wieder ironisch. Sein Einwand stützt sich auf formale Einsichten. Ähnlich wie oben, als er feststellte, die meisten Geschichten der Bibel (oder meint er vielleicht: die meisten Geschichten im Religionsunterricht?) hätten ein „Happy End", kann es für ihn „normalerweise gar nicht" sein, dass Jesus untergeht. Zur Frage, ob Jesus im Seesturm untergehen könnte oder nicht, haben Thomi und Sascha divergente Auffassungen. Während Thomi nun – abweichend von seiner oben zitierten Annahme, Jesus wirke ein Wunder – ein hilf- und machtloses Untergehen Jesu in Erwägung zieht, bleibt Sascha bei seiner Vorstellung von Jesus, der so mächtig wie Gott ist. Jesus kann nach Saschas Meinung offensichtlich kommende Ereignisse vorhersehen und würde folglich „bestimmt nicht erst auf das Boot drauf gehen". Nach Saschas Vorstellung hat Jesus Anteil an traditionellen Eigenschaften Gottes, an Allmacht und Allwissenheit.

Auch für Marcel ist es offenbar unwahrscheinlich, dass Jesus mit untergehen könnte:

Marcel:	Es kann ja auch sein, dass das ein anderer Jesus ist.
L:	Was für ein anderer?
Marcel:	Der Vater oder der Sohn von den zwein, die draußen sind.
L:	Du denkst, der heißt nur zufällig Jesus. Wie kommst du da drauf?
Marcel:	Na ja, kann doch sein.
Sascha:	Aber warum hat sie dann am Anfang gesagt, es ist eine Geschichte von Jesus?
Marcel:	Na, sie hat gesagt, dass es dort spielt.
L:	Warum denkst du, dass es jemand anders sein könnte vielleicht?
Marcel:	Muss doch nicht unbedingt der ((betont)) Jesus sein.

Marcel entwickelt mit „apologetischer Phantasie"[5] einen Gedankengang, der, wie es scheint, Jesus vor dem Makel des machtlosen Untergehens in Schutz nehmen soll. An Saschas Reaktion wird deutlich, wie er zu einem Urteil bezüglich der Frage kommt, ob hier der „echte" oder ein „anderer" Jesus gemeint ist. Als Maßstab dient ihm die Aussage der Lehrerin, der er eine höhere Autorität beimisst als der Vermutung seines Mitschülers. Zu fragen ist, ob Sascha mit dieser Autorität der Religionslehrkraft bewusst kalkuliert und sich gezielt so äußert, wie es seiner Meinung nach von Lehrer oder Lehrerin erwünscht wird. In einigen Wendungen, die Sascha oben gebrauchte, können solche bewussten Anpassungen, d.h. gewollt richtige Antworten des „Religionsstunden-Ichs",

---

5 Vgl. Hanisch, H. (1998): „...manchmal träume ich, dass Gott eine Tochter hat, die sich um die Gedanken, Wünsche und Träume der Kinder kümmert..." In Lehren und Lernen 5, 1998.

vermutet werden. Während Marcel häufig seine Phantasie einsetzt und zu eigenen gedanklichen Lösungen kommt, neigt Sascha zu einem vergleichsweise konventionellen Antwortverhalten, indem er zumeist die Möglichkeit für die wahrscheinlichste hält, die mit dem, was er bislang über Bibel und Jesus aus dem Religionsunterricht weiß, konform ist.

Auseinandersetzungen zwischen Sascha und Marcel über die Handlungsmöglichkeiten Jesu

Marcel: Der fliegt vielleicht zu denen.
Sascha: Das glaub' ich nun wirklich nicht.
L: Warum?
Sascha: Das wär' ein bisschen zu albern.
Marcel: Kann doch aber gewesen sein.
Sascha: Na klar, und in der Bibel steht dann drin: „Und Jesus fliegt über den See zu dem Schiff und rettet die Leute."
L: Micha, was findest du bis jetzt am besten?
Micha: Erst mal das mit den Männern und vielleicht noch, dass er betet.
L: Und das mit den Männern, wie müssen wir uns das genau vorstellen?
Marcel: Jesus geht zu dem Schiff, mit dem er rausfährt, und sagt: „Du gehst jetzt nicht unter, du Schiff."
L: Also Jesus redet mit dem Schiff und dann geht es nicht unter.
Sascha: Also so viel Macht hat er bestimmt auch nicht, dass er mit Schiffen reden kann.
Marcel: Dann macht er irgendwie die Hand ran und irgendwie verzaubert er das.

Zweimal rufen Äußerungen von Marcel Saschas Protest hervor. Einmal die Vorstellung, Jesus könne zum Schiff hinaus fliegen. Diese Vorstellung ist für Sascha offenbar nicht mit den Geschichten, die er sonst aus der Bibel kennt, vereinbar, weshalb er sie mit einer ironischen Bemerkung ablehnt. Dass Jesus mit einem Gegenstand, hier dem Schiff, sprechen könnte, ist ebenfalls nicht mit Saschas Jesusbild zu vereinbaren. Die Grenzen der Macht Jesu sind für ihn dort erreicht, wo es seiner Meinung nach märchenhaft wird. Zu fragen ist, inwieweit die beobachteten Auseinandersetzungen zwischen Sascha und Marcel auch auf gruppendynamischen Prozessen beruhen.

Eine gemeinsam gefundene und akzeptierte Lösung:
Das Gebet bringt die Rettung

Ich bringe am Ende des Gesprächsganges noch einmal den Gedanken ein, dass die Geschichte auch ein böses Ende nehmen könnte. Ausgerechnet Thomi, der vorhin die Möglichkeit in Betracht zog, Jesus könnte selbst mit untergehen, hält dagegen:

L:	Die Kinder haben ja vorher erzählt, vor zwei Wochen sind auch fünf Leute untergegangen.
Thomi:	Na, weil da Jesus nicht dabei war.
L:	Diesmal ist Jesus mit dabei, und da geht es anders aus?
Thomi:	Ja.

Sascha kommt auf die ganz am Anfang geäußerte Idee zurück, dass es mit Petrus etwas Besonderes auf sich haben muss. Zugleich greift er wiederum das Motiv des Betens auf, das zwischenzeitlich von Micha noch einmal genannt worden war.

Sascha:	Ich denk' mir mal, dass das der Petrus war, der Fischer.
L:	Und was würde der Petrus da machen?
Sascha:	Der betet zu dem Gott, und dann betet der Jesus noch und dann vereinen sich die Kräfte und dann passiert irgendwas.
L:	Meinst du, die in dem verunglückten Boot beten auch mit?
Sascha:	Nee, das meine ich jetzt nicht.
L:	Sondern wie?
Sascha:	Dass Petrus und Jesus, die beten alle beide das Gleiche und dann vereinen sich die Kräfte von Petrus und Jesus und dann hat Gott eine große Macht und passiert irgendwas.

Auffallend ist hier, dass Sascha offensichtlich einen Unterschied macht zwischen Petrus als besonderer, ihm aus der Bibel vertrauter Figur, und den „normalen" Leuten auf dem Boot. Aus diesem Befund und der Äußerung vom Anfang („War Petrus nicht auch so ein Heiliger?") könnte man schließen, dass Sascha das Beten vor allem als eine Handlungsweise von besonderen, aus der Bibel bekannten Personen wie Jesus und Petrus annimmt. Vielleicht drückt sich in Saschas Äußerungen die Vorstellung aus, beim Beten handele es sich um einen magisch-manipulativen Vorgang.

Gemeinschaftlich finden Sascha und Marcel schließlich eine Vorstellung, wie das gemeinsame Gebet von Petrus und Jesus aussehen könnte, das letztlich die Rettung sichert. Marcel greift hierbei wiederum auf sein denkerisches Konstrukt zurück, wonach Gott es ist, der das Gelingen von Handlungen ermöglicht:

L:	Der Jesus und der Petrus, die können sich ja nicht verständigen. Jesus ist ja am Strand und Petrus ist auf dem Boot.
Sascha:	Na ja, vielleicht denken sie gerade dasselbe.
Marcel:	Vielleicht leitet Gott das weiter. Gedankenübertragung.
L:	Du hast von dem Gebet gesprochen, Sascha, das die beiden da gleichzeitig sprechen. Wie könnte das heißen?
Sascha:	Na ja, der Petrus, der denkt gerade: „Hilf uns, wir wollen nicht ertrinken." Das betet der zu dem. Und der Jesus betet: „Hilf denen, die sollen nicht ertrinken."
L:	Und diese doppelte Kraft hilft dann?
Sascha:	Ja.

Was ist das Wichtigste an Jesus?

Nachdem im zweiten, hier nicht dokumentierten Teil der Stunde die drei Jesusbilder betrachtet worden sind, geht es am Ende noch einmal um die Vorstellungen der Kinder zu Jesu Wirksamkeit und Bedeutung heute. Auf die „Reporterfrage" gibt jeder Schüler eine Erklärung über Jesus ab:

> L: Stellt euch einmal vor, es kommt ein Reporter zu uns. Der möchte gerne einen Bericht über Jesus machen. Und zwar einen Bericht, der für Leute ist, die noch nie etwas von Jesus gehört haben. Stellt euch vor, der Reporter kommt rein und bittet jeden von euch, mal zu sagen, was denn das Wichtigste an Jesus ist, was unbedingt in diesem Bericht drin sein soll.
>
> Thomi: Er ist der Sohn Gottes. Macht nur gute Sachen.
>
> L: Da würde der Reporter bestimmt sagen: Erklären Sie das doch mal genauer, was heißt denn das, der Sohn Gottes?
>
> Thomi: Hm. ((Schulterzucken))
>
> Marcel: Der ist eben in einem Stall geboren...

Marcel erzählt ausführlich von den Stationen des Lebens Jesu, von seiner Geburt, davon, dass er vielen Menschen geholfen habe, von der Kreuzigung, vom Begräbnis, vom leeren Grab und von den Erscheinungen des Auferstandenen. Der Vergleich von Thomis und Marcels Äußerungen zeigt, wie schwierig es für Kinder sein kann, sich mit eigenen Worten zu äußern. Besonders mit kurzen, dogmatisch hoch gehaltvollen Formeln haben Zehnjährige erwartbare Probleme. Thomi kann seine kurze Antwort, dass Jesus der Sohn Gottes sei, nicht näher erklären. Demgegenüber gelingt es Marcel gut, verschiedene Erzählstücke über Jesus detailliert wiederzugeben.

Nach der ausführlichen Erzählung von Marcel greift Micha zwei Dinge heraus, die ihm an Jesus wichtig sind. Demgegenüber ist Sascha deutlich bemüht, sich von dem, was er über Jesus sagt, persönlich zu distanzieren:

> Micha: Dass Jesus ein heiliger Mann war. Dass er denen geholfen hat, die in Not waren.
>
> Sascha: Auf jeden Fall war er der Sohn Gottes und war halt der Herr der Christen. Und man soll, also man kann jedem überlassen, ob er nun an den glaubt oder nicht.

Gibt es Jesus heute?

Saschas Äußerung drückt den Wunsch nach (mehr?) Autonomie aus. Zu den Fragen des Glaubens möchte er eine eigene Entscheidung treffen. Obwohl es inzwischen geklingelt hat, versuche ich, das Gespräch an diesem wichtigen Punkt nicht abrupt abzubrechen, sondern noch einen weiteren Impuls einzubringen:

L: Gibt es Jesus heute noch?
Sascha: Ich habe ihn noch nicht gesehen.
Micha: Ich auch noch nicht.
Marcel: Oder er läuft unsichtbar im Zimmer rum.
Sascha: Ich glaub' nicht so dran.
Marcel: Na ja ((Schulterzucken)), ich glaub' auch nicht unbedingt dran.
Sascha: Wie kann ich an den glauben, wenn ich ihn noch nie gesehen hab'? Ich glaube nur an das, was ich gesehen hab'. Das ist genauso wie beim Ungeheuer von Loch Ness. Da glaub' ich auch nicht dran. Das ist genauso wie bei Jesus. Den habe ich noch nicht gesehen, also kann ich auch nicht dran glauben.
Marcel: Dann spieln die Dudelsack und dann kommt das dann.
L: Und wie ist es mit Jesus?
Marcel: Da kannst du beten: „Jesus, hilf mir!" Da kommt der nicht.
Sascha: Da kannst du beten / Ich kann auch beten, dass ich bei der nächsten Arbeit eine gute Zensur habe, das hängt auch bloß von mir ganz selber ab. Das kommt auf mich drauf an und nicht auf den. Jetzt gibt es ja auch Ärzte, die helfen mir, es gibt Polizisten, die helfen mir, es gibt ne Feuerwehr, die hilft mir. Und manchmal kommt es auch auf mich selber an. Wenn ich keinen ärgere, dann brauche ich keine Polizei. Wenn ich aufpasse, wo ich hintrete, dann brauche ich keinen Krankenwagen, und wenn ich nicht mit Feuer rumspiele, dann brauche ich keine Feuerwehr. Dann kommt es genau alles auf mich an.
L: Und Micha und Thomi, wie seht ihr die Frage: Gibt es Jesus heute?
Micha: Hm. Vielleicht. ((Schulterzucken))
L: Bist nicht so ganz entschieden.
Thomi: Hab' ihn bis jetzt noch nicht gesehen.

Das Kommunikationsverhalten von
Sascha, Marcel, Thomi und Micha im Religionsunterricht

Die Analyse der Jesusstunde gibt Einblicke in das Kommunikationsverhalten der vier Schüler im Unterricht. Sascha beteiligt sich sehr lebhaft am Unterrichtsgeschehen. Mit 69 Redebeiträgen führt er insgesamt am häufigsten das Wort. Äußerungen der anderen Schüler kommentiert Sascha häufig kritisch. Am letzten Abschnitt des Unterrichtsprotokolls (s.o.) ist erkennbar, dass seine Mitschüler dazu neigen, sich Saschas Meinung anzuschließen. In Bezug auf Jesus scheint Sascha sich vorrangig nach der Maßgabe sozialer Erwünschtheit zu äußern. Sein Jesusbild wird von einigen schablonenhaften Grundannahmen geprägt, wonach biblische Geschichten gut ausgehen und Jesus allmächtig und allwissend ist. Auffallend ist sein Bedürfnis nach Distanz zu den besprochenen Unterrichtsinhalten. Marcel ist ebenfalls lebhaft bei der Sache, mit 55 Redebeiträgen beteiligt er sich am Unterrichtsgespräch. Seine Äußerungen sind oft phantasievoller als die Beiträge Saschas. Marcel ist vor allem bei der Dilemmageschichte sichtlich bemüht, die Dimension des Wunderhaften mit dem in Einklang zu bringen, das er über die Welt weiß. Im Gegensatz zu Sascha und Thomi, die beide von Jesus als dem Sohn Gottes sprechen, verwendet Marcel keine dogmatischen Kurzformeln, wenn er von Jesus redet. Stärker als die anderen Kinder seiner Gruppe ist er zu eigenständigen Vorstellungen in der Lage. Thomi ist im Unterricht zurückhaltend, nur 19 Redebeiträge steuerte er zum Gespräch bei. Seine Äußerungen sind teilweise widersprüchlich. Die dogmatischen Formeln, die er in seinen Äußerungen verwendet, sind in ihrer Bedeutung für ihn unklar, so dass er gelegentlich einen recht ratlosen Eindruck macht. Micha ist in der Stunde überaus zurückhaltend, nur auf direktes Ansprechen hin beteiligt er sich mit insgesamt 15 Redebeiträgen am Gespräch. Seine wenigen Äußerungen sind dennoch für den Gesprächsverlauf bedeutsam, denn immer wieder kommt Micha auf das Thema Gebet zurück. Als einziger äußert Micha im letzten Gesprächsgang auf die Frage: „Gibt es Jesus heute?" ein vorsichtiges „Vielleicht".

*II. Die Beziehungen der Schüler untereinander –
Soziometrische Betrachtung der Schülergruppe*

Die Möglichkeiten des miteinander Arbeitens und voneinander Lernens im Religionsunterricht hängen stark von den Gefühlen der Zu- und Abeignung zwischen den Schülern, d.h. von der soziometrischen Gruppenstruktur ab. Den Schülern unserer Vierergruppe legte ich im Vier-Augen-Gespräch eine Frage vor, die sich auf die Zusammenarbeit im Unterricht bezog. Sie sollten wählen, mit welchen Mitschülern sie in einer Zweiergruppe zusammenarbeiten würden. In der folgenden Abbildung sind nur die positiven Wahlen eingezeichnet. Im Gespräch äußerten die Schüler außerdem auch Ablehnungen und ambivalente Einstellungen und gaben Begründungen dazu.

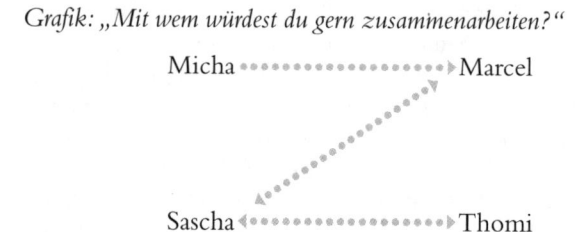

Grafik: „Mit wem würdest du gern zusammenarbeiten?"

Micha ••••••••••••••••▶ Marcel

Sascha ◀•••••••••••••••••▶ Thomi

Das Wahlverhalten der Schüler ist deutlich von der Zugehörigkeit zu zwei verschiedenen Klassen beeinflusst. Sascha, Marcel und Thomi besuchen gemeinsam die Klasse 5a, nur Micha kommt aus der 5b. Wer wen gut kennt, hat Auswirkungen auf die Bereitschaft, im Unterricht zusammen zu arbeiten. Symptomatisch ist die Äußerung von Thomi: „Ich mein', ich hab' nichts gegen den Micha, aber den kenne ich nicht so gut, der ist ja in der anderen Klasse." Nur für Marcel entscheidet die Leistungsstärke darüber, ob er mit einem Mitschüler zusammenarbeiten will oder nicht. Dazu erklärt er: Micha und Thomi „sprechen nicht sehr viel", Sascha hingegen „weiß viel". Micha, der als einziger von keinem seiner Mitschüler gewählt wurde, hat vor allem mit dem dominanten Sascha seine Probleme. Mit ihm lehnt er die Zusammenarbeit ausdrücklich ab. Sascha und Thomi stören seiner Meinung nach auch zu viel, was ihm nicht gefällt.

Aus den Antworten zu der Frage nach dem Wunschpartner für eine unterrichtliche Zusammenarbeit lassen sich einige weitere soziometrische Kennwerte ableiten. So haben Sascha und Marcel einen höheren Wahlstatus als ihre beiden Kameraden. Sie werden jeweils von zwei Mitschülern gewählt. Thomi wird nur von Sascha gewählt. Micha wird von keinem Mitschüler als Wunschpartner für eine Gruppenarbeit in Betracht gezogen. Personen mit höherem Wahlstatus (Sascha und Marcel) sind in der Gruppe beliebter und einflussreicher. Eine Gruppe ist umso stabiler und die Arbeit in ihr verläuft umso befriedigender, je höher der Balanciertheitsgrad ihrer soziometrischen Struktur ist. Die in der Abbildung nicht erfassten negativen Wahlen (Micha möchte nicht mit Sascha arbeiten, Marcel möchte nicht mit Micha und Thomi arbeiten) können auf interpersonelle Spannungen hindeuten. Balancefördernd sind reziproke Wahlen, von denen es innerhalb der Gruppe allerdings nur zwei gab. Dies deutet auf einen nur lockeren Zusammenhalt der Gruppe hin.

III. Einzelgespräche über den Religionsunterricht und über Jesus

Nach der Analyse des Unterrichtsprotokolls stellt sich die Frage, ob im Religionsunterricht tatsächlich das abgebildet wird, was die Schüler über Jesus denken oder ob sie fern der Gruppe noch ganz andere Vorstellungen, Meinungen oder Gefühle in Bezug auf Jesus zum Ausdruck bringen. Daneben erscheint es angesichts der nicht sehr ausgewogenen Kommunikationsstruktur bedeutsam, von den Schülern eine Einschätzung ihrer Zufriedenheit mit dem Religionsunterricht zu erlangen. Wenige Tage nach der gemeinsamen Unterrichtsstunde führte ich daher mit den vier Schülern jeweils einzeln Gespräche über den Religionsunterricht und über Jesus. In den folgenden Porträts werden die wichtigsten Äußerungen der Schüler zusammengefasst:

Sascha: „Die Geschichte vom Mose könnte ich mir jeden Tag anhören."

Sascha hat bereits in der Grundschulzeit den Entschluss gefasst, ab der 5. Klasse den Religionsunterricht zu besuchen[6]: „Da war jemand aus unserer Klasse, der war manchmal in der Kirche, und das hat mich halt interessiert, wie das da geht und so." Sascha wächst in einem atheistischen Elternhaus auf. Seine Mutter stimmte seinem Wunsch, den Religionsunterricht zu besuchen, zu, weil sie ihn als einen Beitrag zur Allgemeinbildung einschätzt.

Die Frage, ob er auch im kommenden Schuljahr den Religionsunterricht besuchen wolle, bejaht Sascha und führt dafür mehrere Gründe an. Der Religionsunterricht mache ihm Spaß, man müsse nicht so viel schreiben und es gehe dort viel ruhiger als in den anderen Stunden zu. Der Religionslehrer erkläre die Dinge genauer als andere Lehrer dies tun. Sehr interessiert ist Sascha an den biblischen Geschichten, an einer ganz besonders: „Die Geschichte vom Mose könnte ich mir jeden Tag anhören." Nach Sport und Geschichte zählt Religion zu seinen Lieblingsfächern.

„Und plötzlich war er nicht mehr da."

Von Jesus kann Sascha etliche erzählende Stücke wiedergeben. Er weiß von der Geburt Jesu im Stall, von den Sterndeutern, vom Kindermord zu Bethlehem, vom Verrat durch einen seiner zwölf Freunde, von der Kreuzigung und dem leeren Grab, den Erscheinungen des Auferstandenen, dem Brotteilen und – an untypischer Stelle – von der Taufe durch Johannes. Er schließt seine Erzählung über Jesus mit den Worten: „Und da wusste es dann die ganze Stadt, dass er auferstanden ist und plötzlich war er nicht mehr da." Von sich selbst sagt Sascha, dass er nicht an Gott oder an Jesus glaubt und noch nie gebetet hat. Im Vergleich zur Unterrichtsstunde

---

6 In Klasse 1–4 ist Religionsunterricht in Sachsen noch nicht flächendeckend eingeführt.

zeigt das Einzelgespräch fast keine Abweichungen. Sascha fällt es offensichtlich in beiden Situationen leicht, seine Meinung zu äußern. Auffallend ist, dass er sich im Einzelgespräch auf die detailgetreue Wiedergabe erzählender Bibeltexte beschränkt, die im wesentlichen Jesu äußere Biografie betreffen. Eigene Deutungen des Erzählten fügt Sascha nicht hinzu. Wundertaten und Verkündigung Jesu thematisiert er von sich aus nicht.

Marcel: „Und das im Unterricht … das Geschmatze!"

Auch Marcel wächst in einem atheistischen Elternhaus auf. Sein Interesse für den Religionsunterricht wurde durch Erzählungen der Grundschullehrerin geweckt. Auf die Frage, ob im Religionsunterricht irgend etwas anders ist als in den übrigen Fächern meint Marcel: „Im Religionsunterricht schreiben wir wenig Arbeiten und auch in den Hefter haben wir nie was geschrieben, haben immer nur Blätter bekommen." Der lockere Unterrichtsstil wird von Marcel jedoch nicht nur gelobt: Der Pfarrer „lässt uns Kaugummi kauen und Schnitte essen… Mir ist es egal, ich mag es bloß nicht, wenn derjenige neben mir sitzt und Schnitte kaut. Und das im Unterricht… das Geschmatze!" Außerdem findet Marcel das „Quatschen" seiner Mitschüler und den Unterrichtstermin am Nachmittag sehr störend. An seinem Religionslehrer schätzt Marcel, dass er „sich immer so schön ausgedrückt hat und nicht so hektisch war". Ebenso wie Sascha ist auch Marcel die Geschichte von Mose von allen behandelten Unterrichtsthemen am deutlichsten in Erinnerung. Marcel geht gern zur Schule, Religion gehört für ihn nach Mathematik, Sport, Englisch und Deutsch zu den beliebten Fächern.

„Oder vielleicht saß er auch wirklich neben denen."

Mit ähnlichen Worten wie Sascha erzählt Marcel von Jesu Geburt im Stall, vom Kindermord und den Sterndeutern. Darüber hinaus geht er in einem Satz auch auf das Wirken

Jesu ein, das er moralisch deutet: „Der Jesus hat, wo er größer war, andern viel geholfen. Er findet die armen Leute besser als die reichen." Auf meine Nachfrage erinnert Marcel sich auch an die Kreuzigung und an das leere Grab. Bezüglich der Erscheinungen des Auferstandenen schwankt Marcel zwischen zwei verschiedenen Deutungen: „Er hatte ja viele Freunde, mit denen er da um den See gewandert ist. Und bei denen war der, egal wo sie waren, er war bei allen zusammen. Wie so ein Schatten, wie ein Geist. Da haben die sich vorgestellt, dass der neben denen saß. Oder vielleicht saß er auch wirklich neben denen." Von sich selbst sagt Marcel, dass er nicht an Jesus oder an Gott glaubt und auch nicht betet. Insgesamt entspricht seine Darstellung von Jesus den Äußerungen aus dem Unterricht.

Thomi: „Da sind nicht so viele."

Thomi besucht den Religionsunterricht, weil er, wie er sagt, „da hingehen sollte". Er wächst – dies das überraschende Ergebnis des Besuchs bei den Eltern – in einer christlichen Familie auf. Der Pfarrer, der die vier Kinder seit einem Schuljahr unterrichtet, ging von anderen Voraussetzungen aus. Alle vier Jungen stammten seiner Meinung nach aus areligiösen Elternhäusern und daran habe er sich auch in der Vorbereitung und Durchführung seines Unterrichtes auszurichten. Wie unten noch zu lesen sein wird, war dies nicht nur in Bezug auf Thomi, sondern auch auf Micha eine Fehlannahme. Auf die Frage, ob er eventuell auch einmal zum Ethikunterricht wechseln wolle, meint Thomi: „Nee, ich bleibe bei Religion. Da sind nicht so viele." Am Religionsunterricht stört ihn, dass er nachmittags stattfindet. Geschichten oder Themen, die ihm besonders gefallen haben, kann Thomi nicht nennen. Thomi geht nicht so gern zur Schule. Sein einziges Lieblingsfach ist Sport.

"Weiß ich nicht so richtig."

Von Jesus etwas zu erzählen, fällt Thomi schwer.

L:	Erinnerst du dich daran, dass im Neuen Testament erzählt wird, dass Jesus gekreuzigt wurde?
Thomi:	Hm.
L:	Was denkst du, was das für die Christen bedeutet?
Thomi:	Was Schlimmes.
L:	Ja? Erzähl mal!
Thomi:	Er wurde gekreuzigt und da ist er dann irgendwie wieder aus dem Grab gekommen.
L:	Weißt du davon noch mehr? Was ist dann mit ihm passiert?
Thomi:	Nö, nicht so richtig.
L:	Weißt du, ob Gott und Jesus irgendetwas miteinander zu tun haben?
Thomi:	Das war doch, glaube ich, dem sein Sohn, oder?
L:	Ja.
Thomi:	Na ja.
L:	Kannst du dazu noch etwas erzählen?
Thomi:	Nicht so richtig.

Dazu, ob er an Gott oder an Jesus glaubt, äußert sich Thomi mit einem unbestimmten „Hm.". Er sagt, er bete zu Gott, um in Arbeiten eine gute Note zu bekommen. Mehr noch als im Unterricht macht Thomi im Einzelgespräch einen sehr zurückhaltenden Eindruck. Die Wiedergabe und Deutung von im Unterricht gelernten Inhalten und selbständiges Formulieren fallen ihm schwer.

Micha: „... dass wir mal richtig über Gott reden."

Auch Micha sagt, dass er vor allem durch seine Eltern zum Religionsunterricht angehalten wurde. Außerdem war es für seine Entscheidung wichtig, dass es im Religionsunterricht nicht so voll ist. Gut sei zudem, dass man hier nicht so viele Arbeiten schreibe. Im Verlauf des Gesprächs wird deutlich, dass der Religionsunterricht dennoch den Erwartungen von Micha nicht gerecht wird. Abgesehen davon, dass er am Nachmittag stattfindet, bedauert er es, dass Sascha und Thomi seiner Meinung nach viel zu viel miteinander „quatschen" und dadurch den Unterricht stören. Dazu erklärt er: „Wir sind ja schließlich in Religion, um was zu lernen und nicht um zu quatschen." Vor allem aber mit den Inhalten des Religionsunterrichts ist Micha nicht zufrieden:

> Micha: Wir machen immer dasselbe.
> L: Und was macht ihr da immer?
> Micha: Wir hören zu. Da gibt es nicht viel zu machen. Er erzählt immer Geschichten.

Von diesen Geschichten erinnert sich Micha an keine, die ihm besonders gut gefallen hätte. Micha würde, wie er sagt, lieber „mal richtig über Gott reden. Nicht dauernd Geschichten." Ihn interessiert, ob es Gott wirklich gibt und auch, wie er aussieht. Außerdem würde Micha sich im Religionsunterricht mehr gemeinsame Unternehmungen wünschen:

> L: Was würdest du da gern mal machen?
> Micha: Vielleicht mal in Kirchen gehen und Orgeln ausprobieren… Oder mal ein Picknick machen, wo man was nicht über Gott aber über die Natur lernen kann, wie der das alles erschaffen hat.

Überraschenderweise empfindet Micha es nicht als schlimm, dass er als einziger Schüler seiner Klasse den Religionsunterricht besucht. Dazu erklärt er, es sei besser, wenn dorthin nur wenige gingen, denn dann könnten auch nur wenige stören. Micha geht gern in die Schule, seine Lieblingsfächer sind Sport und Mathematik. Der Religionsunterricht rangiert für ihn ungefähr an fünfter Stelle.

„Dass der vielleicht immer noch den Armen hilft."

Zu Jesus gibt Micha nur eine Kurzbeschreibung ab:

„Jesus war ein heiliger Mensch, hat den Armen geholfen und der wurde gekreuzigt. Und er ist das Kind von Gott." Micha erinnert sich auch an die Geschichte vom leeren Grab und vermutet, dass Jesus „vielleicht zu Gott zurückgekehrt" sei. Die Geschichte von Moses Aufenthalt auf dem Sinai, den zwei Tafeln mit den Zehn Geboten und dem Goldenen Kalb schreibt Micha irrtümlich Jesus zu. Am wichtigsten sei auch dabei, dass Jesus den Menschen geholfen habe. Das besondere Verhältnis zwischen Gott und Jesus stellt Micha sich so vor, dass Jesus manchmal von Gott geträumt habe.

Von sich selbst sagt Micha, er glaube an Gott und bete regelmäßig abends zu ihm.

L:	Und was betest du?
Micha:	Verschiedenes. Dass ich gut träume und so was.
L:	Glaubst du auch an Jesus?
Micha:	Ja, doch.
L:	Und was glaubst du von Jesus?
Micha:	((längere Pause)) Dass der vielleicht immer noch den Armen hilft.
L:	Glaubst du, dass er dir auch helfen könnte?
Micha:	Ja, vielleicht auch. Aber ich bin nicht so sicher.
L:	Und was glaubst du von Gott?
Micha:	Der könnte eigentlich alles, doch.

Im Vergleich zur Unterrichtsstunde wirkt Micha im Einzelgespräch viel mutiger. Das Interview mit ihm ist das umfangreichste der vier Gespräche. Er redet sich einigen Ärger über den Religionsunterricht und seine Mitschüler von der Seele und äußert Verbesserungsvorschläge. Es wäre allerdings kurzschlüssig, nun anzunehmen, im Interview offenbare sich der „wahre" Micha. Vielmehr werden seine Äußerungen in beiden Situationen als interaktionsabhängig zu gelten haben, in der Gruppensituation im Unterricht ebenso wie in der Situation des Interviews unter vier Augen. Dennoch ist das, was Micha unter vier Augen äußert, wichtig und stimmt zugleich sehr nachdenklich. Sein im Interview deutlich gezeigtes Interesse an der Gottesfrage ist bisher im Religionsunterricht nicht befriedigt worden. In Bezug auf Jesus nahm Micha seine Äußerungen aus dem Religionsunterricht wieder auf und bezog auf mein Nachfragen auch sein persönliches Verhältnis zu Jesus ein.

IV. Zusammenfassende Auswertung und didaktische Folgerungen für den Religionsunterricht in gemischt zusammengesetzten Klassen

Es zeigt sich, dass die soziometrische Betrachtung und die Einzelgespräche mit den Schülern einige Besonderheiten der Unterrichtsstunde erklären können. Zugleich treten aber auch einige Problemkonstellationen deutlicher vor Augen, die als typisch für den Unterricht in ostdeutschen Religionsgruppen gelten können. Im Folgenden sollen diese Probleme zusammenfassend erläutert werden.

Die unterschiedliche Darstellung der Schüler im Unterricht und zu Hause

Was haben die Besuche bei den vier Familien und die Einzelgespräche mit den vier Schülern erbracht? Es zeigten sich zum einen Indizien dafür, dass Schüler sich zu Hause anders als im Rahmen des Unterrichts darstellen und äußern. Dies Phänomen ist an sich nicht überraschend. Es entspricht der alltäglichen Beobachtung, dass Personen in Gruppensituationen in Abhängigkeit von den in der Gruppe herrschenden Strukturen und ihres besonderen Platzes innerhalb der Gruppe reden oder agieren. Bemerkenswert sind die Auswirkungen dieses alltäglichen Phänomens für die Praxis des Religionsunterrichts.

Am meisten stimmt wohl das Gespräch mit Micha nachdenklich. Er beklagt sich, dass im Religionsunterricht nie

„richtig" über Gott gesprochen werde. Wie konnte es dazu kommen? Die Religionslehrkraft nimmt ihre Schülerinnen und Schüler in der Regel so wahr, wie sie sich ihr aufgrund der gruppendynamischen Besonderheiten präsentieren. Sicher fällt es mancher Lehrkraft auf, dass einzelne Schüler oder Schülerinnen sich wenig am Unterricht beteiligen. Schnell kann dann die Vermutung entstehen, dies hänge zum Beispiel mit den nicht allzu hohen intellektuellen Fähigkeiten oder mit dem mangelnden Interesse dieser Kinder zusammen. Aufgrund des Eindrucks, den die Gruppe auf die Lehrkraft macht, kommt diese außerdem unter Umständen zu pauschalen Annahmen über die Klasse. Grund für eine solche Annahme können Situationen wie die oben dokumentierte sein: alle drei Mitschüler schlossen sich Saschas Votum an, es könne Jesus wohl heute nicht mehr geben, da er nicht zu sehen sei. Kindern wie Micha, die in soziometrischer Hinsicht eine klare Außenseiterposition innehaben, dürfte es schwerfallen, sich in einer inhaltlich so bedeutsamen Frage ganz allein gegen die Meinung dominanter Mitschüler zu stellen. Im Ergebnis kann in der Sicht der Lehrkraft unbewusst der Eindruck eines homogenen Schülerbildes – im Beispiel das Bild des Kindes aus atheistischer Familie – entstehen. Wird solch ein pauschales Schülerbild zum Ausgangspunkt der Unterrichtskonzeption, kommen unweigerlich Schüler wie Micha zu kurz, die ihre Bedürfnisse und Meinungen nicht deutlich genug artikulieren können. Gerade für Lehrkräfte, die nur für eine Stunde Religionsunterricht in die Schule kommen, ist es schwierig, sich ein individuelles Bild von allen Schülerinnen und Schülern zu machen.

Einschätzung des Religionsunterrichts und Erwartungen der Schüler an den Religionslehrer

Die Interviews mit den vier Schülern haben zum anderen auch wichtige Hinweise auf ihre Einschätzung des Religionsunterrichts und ihre Erwartungen an den Religionslehrer erbracht. Bemerkenswert ist, dass die beiden nicht christlich sozialisierten Kinder hervorheben, auf eigenen Wunsch und aus Interesse den Religionsunterricht zu besuchen. Ihre Erwartungen gingen vor allem dahin, im Religionsunterricht interessante Geschichten zu hören und mehr darüber zu erfahren, was es mit der Kirche und dem Christentum auf sich habe.

Für Sascha haben sich die Erwartungen an den Religionsunterricht, wie es scheint, fast vollständig erfüllt. Seine durchweg positive Bewertung des Faches hängt sicher auch damit zusammen, dass er sich in der Gruppe anerkannt und wohl fühlt.

Für Marcel, der ein sehr leistungsbewusster Schüler ist, gibt es am Religionsunterricht einiges zu kritisieren. Der lockere Unterrichtsstil des Religionslehrers und die damit einhergehenden Störungen des Unterrichts vertragen sich nicht mit seinem Wunsch nach einer konzentrierten Arbeitsatmosphäre. Marcel wird zum nächsten Schuljahr an ein Gymnasium wechseln. Die oft kleinen Lerngruppen im Religionsunterricht ermöglichen es, neue Unterrichtsformen mit den Schülerinnen und Schülern zu erproben. Schülerinnen und Schüler wollen aber auch das Gefühl haben, im Unterricht etwas zu leisten. Neben spielerischen Elementen dürfen daher im Unterricht nicht solche Teile fehlen, die den Kindern Rückmeldungen über ihren Leistungsstand und den Erfolg ihres Lernens geben. Das „Quatschen" der Mitschüler wird auch von Micha als negativ empfunden. Gleichwohl betonen alle vier, wie wohltuend sie den Unterricht in der kleinen Gruppe empfinden. Dass Micha mit dem erlebten Religionsunterricht inhaltlich nicht zufrieden ist, wurde oben schon herausgestellt. Was den nicht christlich sozialisierten Kindern gefällt, nämlich das ausführliche Kennenlernen von biblischen Geschichten, scheint Micha auf die Dauer zu langweilen. Wahrscheinlich aufgrund bereits vorhandener Vorkenntnisse aus der Christenlehre und der häuslichen Unterweisung zielen seine Bedürfnisse bereits mehr auf die gedankliche Durchdringung und kognitive Auseinandersetzung mit den biblischen Texten und seinen persönlichen Glaubensfragen. Zugleich wünscht er sich mehr gemeinsame Unternehmungen. Für die praktische Gestaltung von Religionsunterricht in gemischt zusammengesetzten Gruppen wäre es wichtig, die Interessen aller beteiligten Kinder zu erheben und zum Zuge kommen zu lassen.

Schließlich zeigt sich am Beispiel von Thomi, dass manche Kinder im Unterrichtsgeschehen vor allem von den Äußerungen der anderen mitgetragen werden. Bemerkenswert sind schließlich die Äußerungen der Schüler zu den Kompetenzen ihres Religionslehrers. In ihnen drückt sich ein hohes Qualitätsbewusstsein der Schüler aus. Nicht der lockere Unterrichtsstil macht den Religionslehrer beliebt, sondern seine besondere Fähigkeit, Unterrichtsinhalte genau zu erklären und sich dabei „immer so schön auszudrücken". Lehrkräfte, die sich um eine niveauvolle Unterrichtskultur bemühen, heben sich aus dem Alltagserleben der Schüler und Schülerinnen offenbar hervor.

Das Jesusbild der Schüler im Unterricht und im Einzelgespräch

Hauptanliegen der Schülerinterviews war die Überprüfung des Sachverhalts, ob die Kinder sich fern der Gruppe anders über ihr Bild von Jesus äußern als im Unterrichtsgeschehen. Diese Vermutung ließ sich insgesamt weder bestätigen noch ausschließen. Im Einzelnen gab es sowohl Übereinstimmungen als auch Unterschiede in den Darstellungen der Schüler.

Am deutlichsten stimmten bei Marcel die Äußerungen aus Unterricht und Interview überein. In beiden Situationen schilderte er erzählerisch Stationen aus dem Lebenslauf Jesu. Im Unterricht wie auch zu Hause formulierte er in Bezug auf die Vorstellung von der Auferstehung Jesu und seiner präsentischen Anwesenheit vorsichtig Möglichkeiten, wie dies eventuell für ihn vorstellbar sein könnte. Jesus ist in den Äußerungen Marcels eine Figur, deren Besonderheit er ernsthaft, aber mit Zurückhaltung in Betracht zieht.

Saschas Äußerungen im Interview zu Jesus unterscheiden sich inhaltlich ebenfalls kaum von seinen Aussagen im Unterricht. Ein wesentlicher Unterschied besteht jedoch in der Art seines Vortrags. Die in der Unterrichtssituation auffallende ironische Sprechweise und die betonte Distanzierung von dem, woran Christen glauben, spielte im Interview keine hervorgehobene Rolle. Jesus als Wundertäter gehört für Sascha in den Bereich des Märchen- oder Sagenhaften, wie sein Vergleich mit dem Ungeheuer von Loch Ness belegt. Jesus ist für ihn ein Lernstoff unter anderen, dem er mit kritischer Distanz begegnet.

Dass die Unterschiede zwischen Unterrichtsgespräch und Interview bei einem Kind erheblich sein können, zeigt das Gespräch mit Micha. Im Gegensatz zu seiner Schweigsamkeit im Unterricht, ist er im Vier-Augen-Gespräch sehr lebhaft. Er nutzt das Interview dazu, sich über all jene Dinge zu äußern, die er im Unterricht selbst nie ansprechen würde. Sein Interesse ist derzeit vor allem auf Gott und weniger auf Jesus gerichtet. Dennoch nimmt er von Jesus an, dass dieser – ähnlich wie Gott selbst – Menschen helfen könne. Deutlich wurde, dass ein gläubiges Kind wie Micha, in einem im Wesentlichen auf nichtchristliche Kinder zugeschnittenen Religionsunterricht zu wenig Unterstützung und Hilfe in der Klärung eigener Glaubensfragen oder -zweifel findet.

Für ein zurückhaltendes Kind wie Thomi ist es in der Situation des Interviews schwerer als innerhalb der Gruppe, sich zum Thema Jesus zu äußern. In der Gruppe konnte Thomi sich an Gesprächsgänge anschließen, einzelnen Meinungen seiner Mitschüler beipflichten. Im Religionsunterricht hat Thomi offensichtlich „gelernt", Antworten zu geben, die von der Lehrkraft als „richtig" gewertet werden, obwohl sie von ihm nicht näher mit Inhalt gefüllt werden können. Nach seinen Äußerungen geurteilt, hat Thomi ein diffuses Bild von Jesus.

Der bereits im Unterricht entstandene Eindruck, dass Schüler theologische Formeln oder Begriffe wie „Sohn Gottes", „Kreuzigung" oder „Auferstehung" zwar als „richtige" Antworten anbieten (Automatismen), diese aber nicht mit Inhalt füllen oder erklären können, bestätigt sich in den Einzelgesprächen. Erzählerisch vermittelte Inhalte hingegen können von manchen Schülern überraschend detailliert wiedergegeben und manchmal auch mithilfe der eigenen Phantasie weiterentwickelt werden. Im Religionsunterricht mit jüngeren Schülern wird es deshalb darauf ankommen, dogmatische Topoi ihrer Formelsprache zu entkleiden und den Schülern auf erzählerische Weise nahe zu bringen. Dabei ist nach geeigneten Wegen zu suchen, auch das persönliche Empfinden und Fragen der Schüler und Schülerinnen mit einzubeziehen. Andernfalls bleibt es, wie das Beispiel von Micha belegt, für manche Schüler bei dem Eindruck, dass „immer bloß Geschichten" erzählt würden und nie „richtig" über die Dinge des Glaubens gesprochen werde.

Das Miteinander- und Voneinander-Lernen im Religionsunterricht

Was lässt sich nach der Analyse von Unterrichtsprotokoll, Soziogramm und Vier-Augen-Gesprächen über die Möglichkeiten des miteinander und voneinander Lernens in einer ostdeutschen Religionsgruppe wie der hier vorgestellten sagen? Es zeichnen sich m.E. einige Grundbedingungen ab, deren Nichtvorhandensein das gemeinsame Lernen erschweren oder verhindern kann:

Eine Lerngruppe muss zunächst zu einer Gruppe werden, die sich als zusammengehörig empfindet. Dies schließt den aktiven Kennenlernprozess zwischen Lehrkraft und Schülern sowie zwischen den Schülerinnen und Schülern untereinander ein. Die Bereitschaft miteinander und voneinander zu lernen steigt, wenn in der Gruppe ein Gefühl der Vertrautheit und des Vertrauens herrscht.

Im Zuge dieses Kennenlernprozesses sind die unterschiedlichen Erwartungen und Lernvoraussetzungen der Schülerinnen und Schüler zu erheben. Die Möglichkeit, dass Schüler und Schülerinnen voneinander und miteinander lernen, hängt gerade davon ab, dass unterschiedliche Vorerfahrungen und Ressourcen in der Gruppe bekannt sind. Durch das aktive Einbeziehen der unterschiedlichen Schülerinteressen kommt ein adressatenorientierter und vielfältiger Unterricht zustande. Langeweile und Frustration einzelner Kinder aufgrund enttäuschter Erwartungen können vermieden werden, wenn alle Teilnehmerinnen und Teilnehmer im Laufe der Zeit den Eindruck gewinnen, dass auch ihre speziellen Interessen im Unterricht berücksichtigt werden.

Gemeinsames und individuelles Lernen sind nicht als sich gegenseitig ausschließende Lernformen zu verstehen. Werden Schülerinnen und Schüler angeregt, ihre besonderen Interessen einzubringen oder spezielle Erfahrungen den Mitschülern zu schildern, wird dadurch zugleich ihre Fähigkeit gestärkt, eigene Erfahrungen oder Erlebnisse denkerisch zu durchdringen.

Obwohl die hier vorgestellten Grundbedingungen in der beobachteten Viererguppe nicht in idealer Weise vorlagen, kam im Verlauf des Unterrichts an einem Punkt doch ein gemeinsames Lernen durch die Schüler selbst in Gang. Bei der Lösung der Dilemmageschichte war es so, dass die Schüler sich nach dem Abwägen und Verwerfen verschiedener Handlungsmöglichkeiten Jesu auf einen ihnen angemessen erscheinenden Fortgang der Geschichte einigten. An der Lösung des Dilemmas hatten alle vier Kinder ihren spezifischen Anteil. Micha brachte immer wieder das Motiv des Betens ein, Sascha unterzog verschiedene Argumente einer kritischen Prüfung, Marcel versuchte auseinander klaffende Vorstellungen denkerisch zu integrieren und Thomi kam vor allem der Part des Bestätigens und Bekräftigens zu.

Fazit

Religionsunterricht im Osten ist zum großen Teil Unterricht in stark gemischt zusammengesetzten Gruppen. Er hat, je gründlicher die unterschiedlichen Voraussetzungen und Interessen der einzelnen Schülerinnen und Schüler erhoben und einbezogen werden, Chancen, für alle Beteiligten persönlich bedeutungsvoll zu werden. Das intensive Kennenlernen der einzelnen Kinder und ihrer individuellen Lernvoraussetzungen ist die Grundbedingung für einen Unterricht, in dem viele verschiedene Interessen vereint und ausgetauscht werden und Frustration, Disziplinschwierigkeiten und Langeweile erst gar nicht aufkommen. Mit Blick auf das zunehmende Interesse an empirischen Untersuchungen zum Religionsunterricht und zu den Vorstellungen, die sich Kinder von den Dingen des Glaubens machen, drängt sich in forschungspraktischer Hinsicht die Frage nach der „Validität" von Unterrichtsprotokollen auf. Schüleräußerungen aus dem Religionsunterricht sind in einem erheblichen Maße abhängig von der Gruppensituation. Während die Opinion-Leader einer Klasse die Situation des Unterrichtsgesprächs beherrschen, erfahren wir aus einem Unterrichtsprotokoll fast nichts über die Meinung der Schweiger. Interviews können daher eine sinnvolle Ergänzung im Forschungsprozess sein.

Abschied von Jesus, dem Gottessohn?

Christologische Fragen Jugendlicher als religionspädagogische Herausforderung

TOBIAS ZIEGLER

Die Auseinandersetzung mit dem Kinderglauben und die Infragestellung bisheriger religiöser Überzeugungen ist für Jugendliche ein wichtiger, aber immer auch krisenanfälliger Schritt auf dem Weg zu einem eigenen, kritisch verantwortbaren Glauben. Die zentrale Rolle, die hierbei die Gottesfrage spielt, wurde schon mehrfach hervorgehoben und analysiert.[1] Dabei wurde deutlich, dass die für den christlichen Glauben grundlegende *Bezugnahme auf Jesus Christus* im Zusammenhang der Aporien der Gottesfrage – wie etwa der Theodizeeproblematik oder der Frage nach der Existenz Gottes – bei den Jugendlichen praktisch kaum zu finden ist. Ihr Gottesbild scheint sich weitgehend von christlichen Bezügen abgekoppelt zu haben.[2] Selbst bei kirchlich-orientierten Jugendlichen ist es nur eine Minderheit, die im Rahmen der Explikation ihres Gottesglaubens von sich aus

---

1 Zu nennen ist hier vor allem die wegweisende Studie von Nipkow, K.E. (1987): Die Gottesfrage bei Jugendlichen – Auswertung einer empirischen Umfrage. In Nembach, U. (Hg.): Jugend und Religion in Europa, Bd.1, 2.A. Ffm u.a. 1990, 233-259.
2 Vgl. Nipkow (1987), a.a.O., 252, sowie zusammenfassend Schweitzer, F. (1996): Die Suche nach eigenem Glauben. Einführung in die Religionspädagogik des Jugendalters. Gütersloh, 14.

auf Jesus zu sprechen kommt.³ Der Verweis auf den allgemeinen Abbruch christlicher Traditionen reicht also nicht aus, um die Schwierigkeiten zu erklären, die Jugendliche offensichtlich damit haben, Leben und Wirken des Jesus von Nazareth mit dem Glauben an Gott in Verbindung zu bringen.

Doch auch *als geschichtliche religiöse Gestalt* für sich genommen scheint Jesus heute für junge Menschen – im Gegensatz zur Jesus-Begeisterung der 70er-Jahre – kaum mehr eine Bedeutung zu haben. Zu diesem Schluss kommen jedenfalls übereinstimmend religionssoziologische Untersuchungen verschiedenster Provenienz.⁴ Selbst als ethisches Vorbild wird der Mann aus Nazareth heute nur noch selten angesehen, obwohl für die eigene Lebenseinstellung der Jugendlichen genuin christliche Werte wie „Nächstenliebe" oder „Wahrhaftigkeit und Askese" eine wichtige Rolle spielen.⁵ Dass Jesus den Jugendlichen einfach gleichgültig geworden ist, wäre m.E. dennoch eine zu einfache Folgerung. Denn anderen Berichten zufolge bringen ihm zumindest Gymnasiasten durchaus ein gewisses Interesse entgegen. Die Reaktionen, die Jesus auslöst, sind aber höchst ambivalent; sie reichen von Fasziniert-Sein bis hin zum Gefühl der Provokation.⁶

Die geringe Bedeutung, die Jesus für Jugendliche besitzt, muss aus religionspädagogischer Sicht nachdenklich stimmen. Gerade im Religionsunterricht, der „den Schülerinnen und Schülern das Evangelium von Jesus Christus nahebringen und ihnen damit die entscheidende Orientierung für ihr Leben

---

3 Vgl. Leyh, G. (1994): Mit der Jugend von Gott sprechen. Gottesbilder kirchlich orientierter Jugendlicher im Horizont korrelativer Theologie. Stuttgart, 197.
4 Vgl. Sziegaud-Roos, W. (1985): Religiöse Vorstellungen von Jugendlichen. In Fischer, A. u.a. (Hg.): Shell-Jugendstudie 1985, Bd.4, Leverkusen u.a., 334-386, hier 385; Barz, H. (1992): Jugend und Religion. Bd.2: Postmoderne Religion. Am Beispiel der jungen Generation in den Alten Bundesländern. Opladen, 123.
5 Vgl. Schmidtchen, G. (1997): Wie weit ist der Weg nach Deutschland? Sozialpsychologie der Jugend in der postsozialistischen Welt. Opladen, 59ff.
6 Vgl. Nipkow, K. E. (1998): Bildung in einer pluralen Welt. Bd. 2: Religionspädagogik im Pluralismus. Gütersloh, 260.

anbieten" will,[7] werden große didaktische Anstrengungen unternommen, um die Begegnung mit Jesus für die Heranwachsenden interessant und lebensnah zu gestalten. An der mangelnden Bekanntheit Jesu sollte es also zumindest bei denen, die den Religionsunterricht besuchen – und dazu gehört z.B. in Baden-Württemberg nach wie vor die Mehrzahl der Jugendlichen – nicht liegen. Zumindest das Kind in der Krippe oder der Mann am Kreuz dürften fast allen Heranwachsenden bereits im Kindesalter ein Begriff sein. Gerade in dieser Entwicklungsphase scheint Jesus auch eine im Vergleich zum Jugendalter *ungleich wichtigere Rolle* für die eigenen Glaubensvorstellungen zu spielen.

Dies belegen nicht nur Interviews mit Kindern, sondern auch Äußerungen Jugendlicher bzw. Erwachsener, in denen die eigene religiöse Entwicklung reflektiert wird.[8] Es ist also der *Übergang in die Adoleszenz*, mit dem Jesus einen deutlichen *Relevanzverlust* für den eigenen Glauben erfährt. Diese Entwicklung verlangt nach Erklärungen und verdient daher eine nähere inhaltliche Untersuchung. Es gibt verschiedene Hinweise darauf, dass es grundlegende *christologische Fragen* sind, die hierbei eine Rolle spielen. Gerhard Büttner und Hartmut Rupp haben mit ihren Untersuchungen der letzten Jahre deutlich gemacht, dass bereits Kinder im Grundschulalter sehr intensiv über solche Fragen nachdenken und dabei oft bemerkenswerte Ansätze zu einer eigenen Christologie entwickeln.[9] Das Denken der Kinder kreist besonders häufig um Jesu Wundertaten, seine Auferstehung sowie nicht zuletzt um sein Verhältnis zu Gott, d.h. um seine Gottessohnschaft. Bei der Definition dieses Verhältnisses spielt offensichtlich das Gebet eine zentrale Rolle. Büttner/Rupp verweisen in

---

7 So der Bildungsplan für das Gymnasium in Baden-Württemberg (1994), 13.
8 Zu Kindern vgl. etwa die Interviews von Arnold, U./ Hanisch, H./ Orth, G. (1997): Was Kinder glauben. 24 Gespräche über Gott und die Welt. Stuttgart; zu den Stellungnahmen im Rückblick vgl. die Aufsätze bei Schuster, R. (Hg.) (1984): Was sie glauben. Texte von Jugendlichen. Stuttgart.
9 Vgl. Büttner, G./ Rupp, H. (1997) Komm Herr Jesus, sei du unser Gast! Präsentische Christologie in der Perspektive von Kindern und Jugendlichen. In KatBl 122, 249-256.

diesem Zusammenhang auf das Zusammenfallen von historischer und präsentischer Perspektive im Jesusbild von Kindern[10]: Jesus ist für sie nicht so sehr als historische Gestalt, sondern vielmehr gerade als gegenwärtige Bezugsperson des Glaubens wichtig. Der Jesus, der als Gottes Sohn in den biblischen Geschichten auf wunderhafte Weise Menschen heilt, ist für Kinder identisch mit dem, von dem sie sich auch für ihr eigenes Leben Hilfe und Schutz erhoffen.

Dass dieser Jesus-Glaube der Kindheit mit dem Übergang ins Jugendalter zunehmend fraglich wird, hängt mit mehreren *entwicklungspsychologischen Veränderungen* zusammen. Die *pubertäre Ablösung von den Eltern* macht es für Jugendliche häufig auch notwendig, sich von dem durch sie vermittelten Jesusbild zu emanzipieren. Dies gilt besonders dann, wenn Jesus als Erziehungsmittel instrumentalisiert wurde.[11] Entscheidend dürfte jedoch die *kognitive Entwicklung* sein. Das ab Beginn des zweiten Lebensjahrzehnts möglich werdende formal-operationale Denken erlaubt ein Denken in Hypothesen, weil nun von der Anschauung abstrahiert werden kann. Religiöse Symbole werden als solche erkannt und häufig entmythologisiert. Das artifizialistische Weltbild der Kindheit wird nach und nach durch eine rationale, naturwissenschaftliche Weltsicht abgelöst. Gerade für die zentralen Punkte des Jesusbildes der Kindheit, wie etwa den Glauben an die Wunderkräfte, an die Göttlichkeit oder die Gegenwart Jesu, kann all dies nicht ohne Folgen bleiben. Diese Punkte bedürfen aus religionspädagogischer Sicht also besonderer Aufmerksamkeit: Gibt es Möglichkeiten, die Heranwachsenden auf dem Weg zu einem „erwachsenen" Jesus-Glauben zu unterstützen? Oder muss die Entwicklung im Jugendalter zwangsweise zu einem Abschied vom Jesus-Glauben führen? – Um diese Fragen zu beantworten, ist zuerst eine aufmerksame Wahrnehmung und Analyse der konkreten Zweifel und Denkschwierigkeiten der

---

10 Vgl. Büttner/ Rupp (1997) a.a.O., sowie Büttner, G. (1998): Janines Jesusbild und welche Christologie haben bzw. brauchen Grundschulkinder? In Wegstrecken, FS J. Thierfelder, Stuttgart, 125.
11 Vgl. hierzu z.B. den Bericht von R. Englert (1992): Stationen der Jesus-Begegnung. In: Diakonia 1/1992, 37–42.

Jugendlichen nötig. In der empirischen Forschung wurde die Frage nach dem Jesusbild im Vergleich zur Gottesfrage bisher jedoch eher vernachlässigt.[12] Daher wurde eine eigene Erhebung durchgeführt, um diesem Mangel ein Stück weit abzuhelfen.

1. Gegenstand und Methoden der Untersuchung

Studien zur Religiosität von Jugendlichen begnügen sich oft mit schlagwortartigen Kennzeichnungen von deren Jesusbild.[13] Über dessen gedankliche Durchdringung ist dagegen wenig bekannt. Erst durch eine *qualitative Ausrichtung* der Erhebung und eine anschließende sorgfältige inhaltliche Analyse der Daten lassen sich substanziellere Erkenntnisse gewinnen. Daher wurde für die eigene Untersuchung die Form der durch gezielte Fragen gelenkten *schriftlichen Befragung* gewählt. Die Jugendlichen sollten dabei innerhalb einer Schulstunde einen Aufsatz schreiben, in dem sie gegenüber einem fiktiven Freund bzw. einer Freundin anhand von fünf Fragen ihr persönliches Bild von Jesus darstellen:

– Wer war Jesus? – Was wollte er?
– Warum glauben Menschen an Jesus Christus?
– Was haben Leben und Tod Jesu
  mit dem Glauben an Gott zu tun?
– Was kann uns Jesus heute sagen?
– Was bedeutet Jesus für mich?

---

12 Bisher liegen allenfalls Untersuchungen zu Teilaspekten vor, so insbesondere zum Wunderverständnis, vgl. Blum, H.-J. (1996): Synoptische Wundererzählungen im Religionsunterricht: empirische Untersuchungen und religionspädagogische Ausblicke für die Sekundarstufe I. Heidelberg (Diss.). Auch Deutungen des Jesusbildes vor dem Hintergrund kognitiv-struktureller Theorien der religiösen Entwicklung (Fowler, Oser) fehlen. Diese wurden nicht zuletzt aufgrund ihrer universalistischen Ausrichtung bisher vor allem für die Analyse des Gottesbildes fruchtbar gemacht.
13 So etwa in der Studie von Barz (1992), a.a.O., 123ff.

Die Auswertung basiert auf insgesamt 100 Aufsätzen, die von Schülerinnen und Schülern der elften Klasse (Alter zwischen 16 und 18 Jahren) im evangelischen Religionsunterricht verfasst wurden. 90% der Jugendlichen sind evangelisch, die übrigen gehören Freikirchen an oder sind ohne Bekenntnis. Die Stichprobe umfasst 42 Jungen und 58 Mädchen. Die Aufsätze wurden im Frühjahr 1999 an sechs verschiedenen Gymnasien in Städten der Region um Stuttgart gesammelt. Insgesamt war bei den Jugendlichen eine große Bereitwilligkeit und bei den meisten auch eine bemerkenswerte Gewissenhaftigkeit beim Schreiben zu beobachten. Viele Aufsätze sind so ausführlich, dass man sie fast als konzeptartige christologische Entwürfe ansehen kann.

Als *Untersuchungsmethode* wurde die Inhaltsanalyse gewählt, die auf der Forschungsstrategie der „Grounded Theory" (*Glaser/Strauss*) mit ihren entdeckenden Methoden beruht. Im Hinblick auf die Ausgangsfragestellung sollten durch eine vergleichende Analyse der Aufsätze Kategorien gewonnen werden, die Aufschluss geben über zentrale Fragen und Konfliktfelder im Jesusbild der Jugendlichen. In Anknüpfung an *K.E. Nipkows* Untersuchung zur Gottesfrage (*Nipkow* 1987) spreche ich im Folgenden hier auch von „Einbruchsstellen" des Jesus-Glaubens im Jugendalter. Da diese bei rund der Hälfte aller Jugendlichen in den Aufsätzen zu finden sind, verdienen sie im Folgenden eine nähere Betrachtung und eingehende Analyse.

2. Einbruchsstellen und Konfliktfelder
im Glaubens- und Jesusverständnis Jugendlicher

Bei mehr als der Hälfte der Jugendlichen ist eine *kritisch-zweifelnde Grundhaltung* anzutreffen; ihr Jesusbild ist alles andere als fraglos. Während die Fragen und Zweifel bei den einen eher verstreut oder am Rande auftauchen, nehmen sie bei anderen breiten Raum in den Aufsätzen ein. Im letzteren Fall sind die Zweifel entweder Ausdruck einer tiefen Verunsicherung und Krise des eigenen Glaubens mit ungewissem Ausgang oder aber die Fragen sind bereits Ausdruck einer kritischen

Distanzierung vom Jesus-Glauben. Nach *Fowlers* Theorie der Glaubensstufen befinden sich die meisten dieser Jugendlichen auf dem Weg von einem für das mittlere Jugendalter typischen synthetisch-konventionellen Glauben (Stufe 3), in dem sich gelegentlich noch Reste eines mythisch-wörtlichen Glaubensverständnisses (Stufe 2) finden, hin zu einem individuierend-reflektierenden Glauben (Stufe 4).

Während auf der Stufe 3 Widersprüche im eigenen Glauben solange (noch) nicht zum Problem werden, wie die Sinnhaftigkeit des Glaubens durch wichtige Bezugspersonen (Eltern, Freunde u.a.) verbürgt ist, müssen auf dem Weg zur Stufe 4 die meisten Glaubensinhalte zuerst kritisch hinterfragt und oftmals „entmythologisiert" werden, ehe sie – durchdacht und reformuliert – zu eigenen Überzeugungen werden können.

Bei der anderen Hälfte der Jugendlichen lassen sich in den Aufsätzen hingegen kaum Fragen und Zweifel feststellen. Ob sie nicht vorhanden sind oder nur im Aufsatz nicht genannt werden, darüber lässt sich nur mutmaßen. Doch völlig fraglos dürfte auch ihr Jesusbild nicht sein. Grundsätzlich lassen sich hier zwei etwa gleich stark vertretene Grundhaltungen unterscheiden. Die einen stehen Jesus eher *gleichgültig-distanziert* gegenüber, was sich nicht zuletzt in der Kürze der Ausführungen zeigt. Die anderen vertreten ihr Jesusbild mit einer gewissen *Überzeugung* und schildern es relativ ausführlich. Unter geschlechtsspezifischen Gesichtspunkten ist interessant, dass sich unter den Gleichgültig-Distanzierten doppelt so viele Jungen wie Mädchen finden, während bei den Überzeugten das Verhältnis umgekehrt ist. Hier bestätigt sich die schon häufiger gemachte Beobachtung, dass Mädchen im Jugendalter – vermutlich auch aufgrund ihres Entwicklungsvorsprungs – für den Glauben aufgeschlossener sind.

Während bei den Gleichgültig-Distanzierten eine Zuordnung zu den Fowlerschen Glaubensstufen insgesamt eher schwierig ist, lässt sich die Mehrzahl der Überzeugten der Stufe des synthetisch-konventionellen Glaubens zurechnen. Diese Jugendlichen verweisen besonders häufig auf Erfahrungen in christlichen Gruppen oder auf die Prägung durch das Elternhaus. Gelegentlich sind hier jedoch auch noch Reste von mythisch-wörtlichen Glaubensauffassungen (Stufe 2) anzutreffen. Nur bei wenigen beruht die Überzeugung bereits auf einem individuierend-reflektierenden Glauben.

In religionspädagogischer Perspektive soll nun im Folgenden vor allem den Fragen und Zweifeln Beachtung geschenkt werden, die sich bei der ersten Hälfte der Jugendlichen finden. Hinter ihnen stehen oftmals existenziell bewegende Fragen, die gerade im Religionsunterricht zu thematisieren sind. Sie zeugen gleichzeitig von einem ernsthaften Interesse an Jesus und am christlichen Glauben. Bleiben sie jedoch unbeantwortet, ist ein Abschied vom Glauben an Jesus als Sohn Gottes äußerst wahrscheinlich.

Die Entlehnung der Begrifflichkeit „Einbruchsstellen" von Nipkows Studie zur Gottesfrage bei Jugendlichen (1987) verweist darauf, dass es eine ganze Reihe *struktureller und ursächlicher Parallelen zwischen den Schwierigkeiten mit der Gottesfrage und dem Jesusverständnis* gibt, die – wo möglich – besonders herausgearbeitet werden sollen. Analog zur Gottesfrage lassen sich diese Schwierigkeiten und die dahinter steckenden Erwartungen der Jugendlichen nach Nipkow sowohl anthropologisch-transzendental-logisch als auch sozialpsychologisch verstehen und erklären. Nicht zuletzt handelt es sich dabei auch um *„Ergebnisse einer christlichen Wirkungsgeschichte"*, in der durch kirchliche Verkündigung entsprechende Erwartungen hervorgerufen worden sind.[14] In den Aufsätzen zu Jesus zeigt sich, dass diese häufig in Zusammenhang mit dem *Jesusbild des Kinderglaubens* stehen. Dieser soll damit keinesfalls diskreditiert werden, denn er hat zweifelsohne sein eigenes Recht, wie auch insgesamt die Erwartungen in gewissem Maße durchaus berechtigt sind. Im Blick auf die Religionsdidaktik muss aber dennoch gefragt werden, ob nicht bestimmte Inhalte und Akzentuierungen im kirchlichen und schulischen Unterricht dazu beigetragen haben könnten, bei den Heranwachsenden ein Jesusbild entstehen zu lassen, das im Jugendalter die Glaubenszweifel noch zusätzlich verschärft. Bei der durch charakteristische Beispiele aus den Aufsätzen ver-

---

14 Nipkow (1987), a.a.O., 250f.

anschaulichten Analyse wird hierauf besonders zu achten sein. Am Ende der Darstellung einer jeden der insgesamt sechs Einbruchsstellen des Jesus-Glaubens soll kurz angedeutet werden, in welche Richtung religionspädagogische Bemühungen gehen müssten, wenn man den christologischen Fragen der Jugendlichen angemessen begegnen will.

2.1. Die Erwartung an Jesus als Helfer und Wundertäter und den von ihm verkörperten lieben und gerechten Gott gegen die Leiderfahrung

Dass Jesus Armen geholfen und Kranke geheilt hat, ist offensichtlich nicht nur für Kinder das wichtigste Charakteristikum des Mannes aus Nazareth, sondern auch für Jugendliche. In 75% der Aufsätze werden diese Taten Jesu erwähnt. Die Hälfte der Jugendlichen stellt dabei den wunderhaften Charakter der Heilungen besonders heraus. Für jeden Dritten von ihnen wird dies jedoch zum Problem. Wie die Jugendlichen damit umgehen, soll im Folgenden analysiert werden.

Die Wunder sind nicht nur als historische Taten anstößig, sondern sie bergen gerade auch für den Glauben in der Gegenwart Konfliktpotenzial. In der Wahrnehmung der Jugendlichen stellt die *Erwartung an Jesus als Helfer in der Not* für die meisten Menschen ein zentrales Glaubensmotiv dar. Persönlich spielt dies für die Jugendlichen jedoch eine eher geringe Rolle. Dies erklärt sich nicht zuletzt durch das für die Adoleszenz kennzeichnende und für die weitere Entwicklung wichtige Streben nach menschlicher Autonomie gegen den Einfluss einer göttlichen Macht (vgl. Osers Stufe 3, Deismus). Entsprechend wird dann auch die geringe persönliche Bedeutung Jesu begründet:

> „Für mich bedeutet Jesus nicht sonderlich viel, weil ich nicht sehr gläubig bin. Ich denke, dass ich hier auf der Erde selber zurechtkommen muss und nicht erwarten kann, dass Jesus mir zu Hilfe kommt." (Katrin, 16 J.)[15]

15 Die zur Kennzeichnung der Jugendlichen verwendeten Namen sind fiktiv.

Gerade bei Jugendlichen, die eine religiöse Sozialisation erfahren haben, ist diese Erwartung an Jesus jedoch teilweise durchaus noch vorhanden, wird aber zunehmend fraglich. Ein Mädchen berichtet z.B. davon, wie bei ihr mit zunehmender Reife und Rationalität die schon im Kindesalter latenten Zweifel an der Hilfe Jesu durch das Gebet immer größer wurden bis schließlich der ganze Glaube für sie zweifelhaft wurde.

Die Erwartung an Jesu Hilfe ist nun auffallend häufig in solchen Aufsätzen zu finden, in denen seine Rolle als Helfer und Wundertäter in historischer Perspektive besonders stark herausgestellt wurde. Oftmals wird sein Wirken auch ganz darauf reduziert. Dies kann zur Folge haben, dass statt der *Hoffnung* auf Jesu Hilfe eine regelrechte *Erwartungshaltung* entsteht, die letztlich immer enttäuscht werden wird und negative Folgen für den eigenen Glauben hat. Bei einem Jungen, der die Heilungstaten Jesu vor allem als glaubenweckenden *Machterweis Gottes* versteht, erwächst daraus eine unstillbare Sehnsucht nach weiteren Wundern:

> „Aber ich vermisse weitere Zeichen von Gott, oder schickt er sie uns dauernd, aber wir sind nicht aufnahmefähig? Mein Glaube würde enorm gefestigt, wenn Gott wieder Zeichen senden würde wie vor 2000 Jahren. Ich finde es beachtlich von Jesus, dass er Menschen ‚mit seinen Händen heilen konnte' [...] Mit den Geschichten in der Bibel, die von Wundern erzählen, habe ich Probleme, dies zu glauben, da sie oft widersprüchlich sind. Ich würde sehr gerne ein Wunder von Gott und Jesus selber miterleben. Gott würde dadurch den Glauben von allen stärken." (Thomas, 17 J.)

Dieses, sich dem mythisch-wörtlichen Glauben verdankende Verlangen nach selbst erfahrbaren Wundern droht bei Thomas letztlich die weitere Glaubensentwicklung zu erschweren bzw. zu blockieren. – Die meisten Jugendlichen haben diese Erwartung jedoch nicht mehr. Ihnen macht vor allem der gedankliche Widerspruch zu schaffen, der für sie zwischen den helfenden und heilenden Taten Jesu damals und dem Leid und Elend besteht, das sie in der Welt von heute wahrnehmen. Dieser Widerspruch ist deshalb so unerträglich, weil

Jesus als Verkörperung eines guten und gerechten Gottes verstanden wird, der durch seine Allmacht in Jesus diese Wunder gewirkt hat, es heute aber nicht mehr tut. Eine solche christologisch verortete Thematisierung der *Theodizeeproblematik* findet sich in rund 10% aller Aufsätze mit verschiedenen Akzentuierungen: Bei den einen sind es Friedlosigkeit und Ungerechtigkeit *auf globaler Ebene*, welche als Widerspruch zum in Jesus deutlich gewordenen Friedens- und Gerechtigkeitswillen Gottes empfunden werden:

> „Jesus war der Sohn Gottes. Er wollte Frieden schaffen. […]
> Durch Jesus hat man erfahren, dass Gott wirklich existiert, da er ihn wieder auferstehen lassen hat, und da Jesus während seines Lebens viele ‚Wunder' vollbracht hat, die nur durch Gottes Hilfe geschehen konnten. Jesus hat während seines Lebens viel von Gott erzählt. Aber ich frage mich, wenn Gott Frieden auf der Welt schaffen wollte, warum es auf der ganzen Welt dann immer wieder zu Kriegen kommen kann, und die Menschen nicht friedlicher miteinander leben können. Warum lässt Gott zu, dass es so viel Schlechtes auf der Welt gibt und in vielen Ländern Hungersnot herrscht und diese Länder unterentwickelt sind. Wenn es heißt, dass Gott für alle Menschen gleich da ist und alle beschützt, warum gibt es dann trotzdem so viele Ungerechtigkeiten? – Es tut mir Leid, aber ich kann nicht so ganz auf die Punkte eingehen, da ich mich mit diesem Thema nicht mehr so befasse." (Martina, 17 J.)

Das Leiden an diesem unlösbaren Widerspruch führt bei Martina zu einem sich im Aufsatz widerspiegelnden Glaubensabbruch und Bedeutungsverlust Jesu. Bei anderen stellt sich die Theodizeefrage angesichts von Erfahrungen im *persönlichen Umfeld*, etwa, wenn Schüler ungerecht benotet werden oder wenn egoistisches Streben mehr belohnt wird als couragierter Einsatz. Gerade von Jesus, der sich für Gerechtigkeit so sehr eingesetzt hat, erwarten die Jugendlichen, dass er dieser auch heute zum Sieg verhilft.

Eine existenzielle Tiefe erreichen die Zweifel der Theodizee dann jedoch bei persönlichen Leiderfahrungen, etwa durch den frühen Tod Nahestehender:

> „Und genau dann kommen die Zweifel: Wenn Jesus wirklich so toll ist, warum hab' ich dann Probleme, warum ist dann der schon wieder mit 19 Jahren gestorben? Sicher nicht, weil Gott ihn liebt, sonst hätte er ihn leben lassen. Und deshalb kann ich nicht an Jesus glauben." (Marcus, 16 J.)

Die in Jesus deutlich gewordene Liebe Gottes wird von den meisten Jugendlichen vor allem mit Jesu „tollen" Wohltaten verbunden. Das Paradox, dass sich Gottes Liebe gerade auch dadurch zeigt, dass sie Leid und Tod überwindet, indem sie in Jesus das Leiden erträgt und in sich aufnimmt, ist zweifelsohne eine nicht leicht nachzuvollziehende Einsicht. Und doch sind solche kreuzestheologischen Einsichten letztlich die einzige Möglichkeit, wie man aus christlicher Sicht mit der Theodizeeproblematik umgehen (wohlgemerkt nicht: bewältigen) kann. Bei einem Mädchen findet sich zumindest eine tröstende Einsicht, die in diese Richtung geht, nämlich die *Erinnerung an Jesu Leiden und Sterben* angesichts eigenen Kummers:

> „Für mich selber bedeutet Jesus schon viel. Ich weiß, dass er immer bei mir ist. [...] Doch oft in schlechten Zeiten habe ich auch doch manchmal Zweifel. Dann denk' ich zum Beispiel ‚Wie konnte er das nur zulassen' oder frage ich mich, ob er überhaupt bei mir ist und warum er dann dies nicht verhindert hat. Doch dann denke ich, dass man gerade vielleicht in schweren Zeiten auf eine Art Vertrauensprobe gestellt wird. Denn es ist ja so einfach, in guten Zeiten an Jesus zu glauben, zu beten und ihm zu vertrauen. Da kann man das Leben Jesu dann wieder als Vorbild nehmen. Denn dort gab es wahrlich nicht nur rosige Zeiten." (Susanne, 17 J.)

Doch über eine Deutung des Leides als Probe geht auch Susannes Interpretationen nicht hinaus. Deutungen im Sinne einer Solidaritätschristologie, nach der sich Gott in Jesu unschuldigem Leiden und Tod auf die Seite der schuldlos Leid Tragenden stellt, sind nicht zu finden. Auch die Auferstehung Jesu als Widerspruch Gottes gegen eine letztgültige Macht des Todes vermag nicht zum Trost zu werden.

Angesichts des Dilemmas, das die im Jugendalter mit Vehemenz aufbrechende Theodizeefrage für die weitere Glaubensentwicklung darstellt, müsste dringend nach Wegen gesucht werden, wie sich mit Jugendlichen zusammen von der Christologie her solche entlastenden Einsichten gewinnen lassen. Eine Vorbedingung hierfür ist jedoch, dass bereits bei Kindern darauf geachtet wird, dass kein einseitiges Jesusbild aufgebaut wird, in dem nur der gute, immer allen Menschen helfende Jesus betont wird, während der unschuldig leidende, mit Gott verzweifelt ringende ausgespart wird. Letztlich dürfte sich die Erwartung an einen lieben, guten und helfenden Gott nämlich maßgeblich dem Jesusbild des artifizialistischen Denkens der frühen Kindheit mitverdanken. Die *Verschärfung*, welche die Theodizeefrage im Jugendalter durch die *Erinnerung an den helfenden Jesus* erfährt, wiegt umso schwerer, je weniger den Jugendlichen der Jesus bekannt ist, der trotz seiner Verbindung zu Gott leiden musste und angefochten war.

2.2. Die Erwartung an einen menschlich-nahen Jesus gegen die Frage seiner Göttlichkeit

Lassen sich für die meisten Erwartungen Parallelen zur Gottesfrage feststellen, so stellt die zweite Einbruchsstelle eine Jesus-spezifische Schwierigkeit dar. Es ist die nicht zuletzt durch den Gottes-Sohn-Titel in Verbindung mit diversen anderen Aspekten evozierte *Göttlichkeit Jesu*, die im Jugendalter für das *kritisch-rationale Denken* zum Problem wird. Gleichzeitig erschwert sie eine *emotionale bzw. identifikatorische Annäherung an Jesus als Menschen*, die im Rahmen der Beziehungs- und Identitätssuche für die Glaubensentwicklung Jugendlicher von grundlegender Bedeutung ist. – Zunächst ist es wichtig, die verschiedenen Aspekte zu analysieren, die für die Jugendlichen den Eindruck einer Göttlichkeit Jesu entstehen lassen.

Hier ist als Erstes die in fast 80% der Aufsätze zu findende *Bezeichnung Jesu als Sohn Gottes* zu nennen. Aufschluss darüber, wie dies verstanden wird, gibt eine Analyse des Kontextes, in dem „Gottes Sohn" auftaucht. Dabei finden sich drei verschiedene Verortungen: 30 mal ist der Begriff allein *biologisch-relational* konnotiert. Er begegnet – doppelt so häufig bei Mädchen wie bei Jungen – im Zusammenhang von Aussagen über Jesu Geburt, wie etwa der folgenden:

> „Jesus war der Sohn von Josef und Maria. Gezeugt wurde er jedoch nicht von ihnen. Angeblich gebar Maria ihren Sohn als Jungfrau, man sagt, er sei der Sohn Gottes." (Tabea, 17 J.)

Diese Verortung ist für den mythisch-wörtlichen Glauben der Kindheit mit Sicherheit die häufigste, im Jugendalter wird sie aber oft zum Problem:

> „Jesus war der Sohn von Maria und Josef, jedoch gleichzeitig Gottes Sohn (wie geht das?)" (Marcus, 16 J.)

20 Jugendliche reden von Jesus als Sohn Gottes im Zusammenhang mit *inkarnatorischen Aussagen*, in denen die menschliche Elternschaft Jesu nicht thematisiert wird. Am „stabilsten" gegen Zweifel und für Jugendliche offensichtlich am akzeptabelsten scheinen die etwa zwanzigmal zu findenden *sendungs-christologischen* Aussagen, dass Gott seinen Sohn Jesus auf die Erde schickte. Hier erscheint Jesus oft als betont menschlicher Stellvertreter Gottes, was sich auch in weiteren Attributen wie „Bote" oder „Vermittler" widerspiegelt.

Für rund 20% der Jugendlichen wird nun die Gottessohnschaft bzw. die Göttlichkeit Jesu in den Aufsätzen zum Problem. In ihren ablehnenden Haltungen wird deutlich, dass sie „Sohn Gottes" fast ausschließlich als mit Jesu göttlicher Macht und Überlegenheit verbundenen (Hoheits-)Titel verstehen. Dem steht die exegetische Einsicht entgegen, dass Sohn Gottes ursprünglich gerade im Rahmen von Aussagen einer Niedrigkeits-Christologie geprägt wurde, die in Jesus einen Knecht Gottes bzw. den Messias sah.[16]

---

16 Vgl. Theißen, G./Merz, A. (1996): Der historische Jesus. Ein Lehrbuch. Göttingen, 481f.

Werden vor allem die *Wunder Jesu als Ausdruck seiner Göttlichkeit* verstanden, so muss diese im Rahmen eines naturwissenschaftlich-rational geprägten Weltbildes zwangsläufig anstößig werden. Dies ist bei Jungen deutlich häufiger als bei Mädchen der Fall. Darüber hinaus wird von manchen auch die dogmatisch behauptete *Sündlosigkeit Jesu*, verstanden als menschliche *Vollkommenheit*, mit seiner Gottessohnschaft verbunden:

> „Ich persönlich denke jedoch, dass Jesus für irgendeine Person steht, die früher einmal gelebt hat. Außerdem war er meiner Meinung nach ein Mensch aus Fleisch und Blut – und nicht Gottes Sohn! […] Jesus ist schon so lange tot, das heißt, die Menschen heute kennen seine Schwächen und Fehler nicht – die er bestimmt gehabt hat. – So setzt jeder seine eigenen Hoffnungen und Wünsche in die Person. Ich denke, dadurch wird sie für viele so wichtig. […] Mein Bild von Jesus wurde – sehr negativ – am meisten von seinen ‚Wunderheilungen' geprägt. Ich persönlich brauche Jesus nicht, um glücklich zu sein. Und wenn ich bete oder glaube, dann nur zu oder an Gott und niemals zu/ an Jesus. Weshalb kann ich jedoch nicht sagen." (Petra, 16 J.)

Vollkommenheit und Wunderheilungen erscheinen als nachträgliche Idealisierungen Jesu, welche letztlich die Vergötterung eines Menschen zum Ziel haben, der dann so zum Gegenstand heutiger Wünsche und Hoffnungen werden kann. Die funktionale Erklärung entlarvt diese jedoch als Illusion. – Sowohl eine Überbetonung von Jesu Wundertaten als auch der Vorbildlichkeit seines Lebens wird im Jesusbild der Jugendlichen zum Problem. Angesichts der Rede von der *Menschwerdung* Gottes muss ein vollkommener Jesus geradezu als Selbstwiderspruch erscheinen:

> „Jesus bedeutet für mich nicht so viel. Ich weiß zwar, dass es Gott gibt, aber mit Jesus kann ich nicht so viel anfangen. […] Ich glaube, er ist mir zu perfekt. So fehlerlos kann doch niemand sein. Er ist doch zum Mensch geworden. Ein Mensch ohne Makel ist aber unmenschlich." (Christine, 17 J.)

Gerade im Jugendalter wird eigene Unvollkommenheit und eigenes Versagen besonders schmerzlich empfunden. Wenn durch wohlmeinende religionspädagogische Intentionen dann versucht wird, den Jugendlichen Jesus als Vorbild nahe zu bringen, dann ist die Gefahr groß, dass damit das Gegenteil bewirkt wird. Entsteht der Eindruck, dass Jesus als perfektes Vorbild verkauft werden soll, so wird dies zu Recht als unmenschlich empfunden und verhindert so gerade eine Annäherung an Jesus. Dies führt so letztlich zu einem Gottesglauben, der in einen Gegensatz zum Glauben an Jesus gerät.

Eine Vorbildfunktion Jesu ist offensichtlich nur dann akzeptabel, wenn er als Mensch verstanden werden kann, der auch Fehler und Schwächen hatte. Dies wird besonders deutlich bei einem Jungen, der Anstoß nimmt an der als dogmatische Lehre rezipierten Vorstellung, dass sich der dreieinige Gott in Jesus offenbart hat. Die Auseinandersetzung mit der davon abgeleiteten Göttlichkeit Jesu durchzieht fast seinen ganzen Aufsatz:

> „Ich habe, um diese Fragen zu beantworten, große Schwierigkeiten, weil gerade Jesus als Gottes Sohn für mich ein großes Fragezeichen verbirgt. Ich sehe Jesus mit anderen Augen. In meinen Überlegungen bin ich zu dem Entschluss gekommen: Jesus ist für mich nicht göttlich. Auch habe ich Schwierigkeiten, Jesus als Gottes Sohn anzuerkennen. Für mich war Jesus einfach ein Vorbild. Er hat uns Menschen gelehrt, besser mit Nächstenliebe umzugehen. [...] Jedoch gibt es heute noch genauso Menschen, die uns bzw. mich in meinem christlichen Leben lehren. Deshalb möchte ich nicht sagen, dass Jesus ein göttliches, höher gestelltes Wesen war, sondern ein Mensch mit vielleicht überwiegend guten Eigenschaften, aber er bleibt für mich ein Mensch." (Holger, 17 J.)

Ein letzter mit der Göttlichkeit Jesu verbundener Aspekt ist sein von manchen als *heldenvoll und mutig verstandener Kreuzestod*:

> „Heute taucht Jesus auch noch als Göttersohn auf und wir bewundern seinen Mut, als er sich ohne Schluchzen, ohne Klagen kreuzigen ließ." (Marion, 17 J.)

Hier zeigt sich eine in der Kirchengeschichte und auch schon im Neuen Testament beobachtbare Tendenz, das Leiden und die Angst Jesu als Gottes Sohn – wie sie gerade in der ältesten Fassung der Passionsgeschichte bei Markus deutlich werden – ob ihrer Anstößigkeit zu entschärfen. Das Problem, das durch eine solche Auffassung von Jesu Kreuzigung jedoch entsteht, liegt darin, dass Jesus so letztlich zu einem gefühllosen Helden wird, der für Jugendliche mit ihren eigenen Sorgen und Ängsten als echte Identifikations- bzw. Bezugsperson nicht taugt. Gerade Jugendlichen, die ein persönliches Vertrauensverhältnis zu Jesus haben, ist es wichtig, darauf hinzuweisen, dass gerade im Leiden und Tod seine Menschlichkeit deutlich wird:

> „Er wurde seiner Aufgabe nie untreu und wenn es auch noch so schwer war, bis er zuletzt sein Leben dafür gab. Aber auch er hatte Angst, musste sich Rat holen, auch er zeigte Gefühle, wie jeder andere Mensch, das ist es wahrscheinlich, was die Leute an ihn glauben lässt, er war ein Mensch mit den gleichen Schwächen wie du und ich, und hat trotzdem so viele Dinge in Bewegung gebracht." (Ellen, 17 J.)

Ein angemessenes Verständnis der Gottessohnschaft Jesu bzw. seiner Verbindung zu Gott zu ermöglichen, stellt angesichts dieser Befunde *die* große religionspädagogische Herausforderung im Jugendalter dar, wenn ein sich auf das Christus-Geschehen beziehender Gottesglaube bei den Jugendlichen möglich bleiben soll. Kognitiv gesehen spielt hierbei die Förderung des Denkens in Komplementarität eine grundlegende Rolle.[17]

---

[17] Vgl. die Studien zur Interpretation der christologischen Formel von Chalkedon von Reich, K.H. (1992): Kann Denken in Komplementarität die religiöse Entwicklung im Erwachsenenalter fördern? Überlegungen am Beispiel der Lehrformel von Chalkedon und weiterer Paradoxe. In Böhnke, M./ Reich, K.H./ Ridez, L. (Hg.): Erwachsen im Glauben. Stuttgart u.a., 127-154.

Nach der Identität Jesu und nach seinem Gottesverhältnis ausführlicher zu fragen, wurde in der Religionsdidaktik der letzten Jahrzehnte m.E. versäumt, weil man einseitig auf den historischen Jesus setzte und damit letztlich eine Art „Vorbild-Jesulogie" intendierte. Die Befunde zeigen, dass es gerade hochchristologische Fragen sind, welche die Jugendlichen beschäftigen und oft vor unlösbare Glaubenszweifel stellen. – Wie sich vom Gedanken der *Menschwerdung Gottes* in Verbindung mit der *Menschlichkeit* Jesu her wichtige Einsichten für den Glauben an Jesus ergeben können, soll das abschließende Beispiel zeigen:

> „Im Gegensatz zum ‚abstrakten', unvorstellbaren Gott, ist Jesus Mensch, mit Fehlern und Schwächen. Dennoch vertritt er Gottes Glauben. Für viele Menschen ist es deshalb leichter, an ihn, den ‚Mensch-Gewordenen' zu glauben." (Rebekka, 17 J.)

2.3. Die Erwartung an eine befreiende und realistische Ethik Jesu gegen das Bild von Jesus als Moralprediger und weltfremdem Asketen

Einleitend wurde erwähnt, dass Jesus selbst als Vorbild seine Bedeutung für die meisten Jugendlichen verloren hat. Im vorigen Abschnitt wurde deutlich, welche Probleme eine *Idealisierung Jesu zum vollkommenen Menschen* für das Verständnis seiner Identität mit sich bringen kann. Ebenso problematisch ist auch eine *pädagogische Instrumentalisierung Jesu als perfektem Vorbild*. In den Aufsätzen hält immerhin knapp die Hälfte der Jugendlichen eine Orientierung an Jesu Vorbild für sinnvoll. Doch mehr als ein Viertel gibt auf die Frage, was uns Jesus heute sagen kann, keine Antwort. Ein weiteres Viertel lässt erkennen, dass die Ethik Jesu (Bergpredigt) zwar als bedeutsam empfunden wird, nennt aber gleichzeitig auch *Gründe*, warum ein Leben nach Jesu Vorbild heute schwierig oder unmöglich ist. Ihnen soll im Folgenden nachgegangen werden.

> „Ich fand den Religionsunterricht in der Grundschule noch witzig. Altes Testament, Gott lässt mal wieder den Rauch rein, Schlachten und Geschichten, das war interessant. Dann kam Jesus, und plötzlich war alles wie im Blumen-Sonne-Lutscherland. Keine Gewalt, Nächstenliebe, wenn dir einer die Jacke klaut, gib ihm die Hose auch noch – Ja, ja, ganz Klasse." (Sven, 17 J.)

Hinter Svens Karikatur von Jesu Feindesliebe-Gebot steckt mehr als bloß Draufgängertum männlicher Jugendlicher. Beklagt wird von ihm offensichtlich ein in der Behandlung von Jesus im gymnasialen Religionsunterricht empfundener Verlust an Realitätsnähe. *Jesu Ethik der Gewaltlosigkeit* scheint – stilisiert zu einem Allheilmittel gegen Aggression – in der Tat nur in einer heilen Märchenwelt denkbar. Insofern erscheinen die alttestamentlichen Geschichten Sven zu Recht als realistischer und interessanter.

Jedoch auch ganz unabhängig von der Glaubenseinstellung empfinden es viele Jugendliche als schwierig, die von Jesus vorgelebte und verkündigte Ethik im eigenen Leben umzusetzen.

> „Er kann uns heute sagen, dass man, obwohl es wahrscheinlich um einiges schwieriger ist als damals, nicht nach Konsum streben soll, und dass wir lieber anderen helfen sollen. Wobei das aus meiner Sicht wirklich niemand tut! Jesus kommt ehrlich gesagt nur noch in den alten Kindergeschichten vor." (Anita, 16 J.)

> „Für mich ist Jesus also nicht so wichtig wie für viele andere Menschen. Für viele gläubige Christen ist Jesus sehr wichtig. Sie empfinden ihn wie ein Vorbild und übernehmen seine Lebenseinstellung. Aber diese Lebenseinstellung konsequent nachzuahmen, ist in der heutigen Welt nicht mehr so einfach. Es gibt doch kaum noch Menschen, die auf ihren Nächsten Acht geben und nicht egoistisch denken." (Ute, 16 J.)

Daran, dass die Welt in den Augen dieser Jugendlichen rücksichtsloser und konsumorientierter geworden ist, lässt sich nichts ändern. Doch die Frage ist, wie sich mit diesem *Widerspruch zwischen den Idealen Jesu und den eigenen Erfahrungen* umgehen lässt. Wie die beiden Mädchen scheinen auch einige andere Jugendliche an diesen „Zumutungen" des Glaubens fast zu zerbrechen. Hier wäre es religionspädagogisch geboten, den Zuspruch vor den Anspruch Jesu zu stellen. Gerade in Lehrplänen wird Jesus immer wieder gerne als „Herausforderung" vorgestellt. Gerade angesichts der Erfahrung des Scheiterns müsste jedoch zuerst die Hoffnung deutlich werden, aus der Jesus geschöpft hat und die auch für die Glaubenden heute lebensnotwendig ist. – Insgesamt scheint Jesus unter Jugendlichen trotz einer allgemeinen, wenn auch distanzierten Wertschätzung, gerade im Blick auf Ethik und Moral ein *Imageproblem* zu haben:

> „Es gibt viele Jugendliche, für die Jesus etwas bedeutet, die es aber nur sehr selten zugeben, da sie dann oft ausgelacht werden oder dumm angeschaut werden, oftmals gilt es als uncool, was es aber gar nicht ist, sondern nur von bestimmten Personen gemacht wird, die nur Vorschriften sehen und nicht, dass Jesus uns die Gebote und die Bibel als Hilfestellung an die Hand gegeben hat, damit wir untereinander gut klarkommen. Ich denke, dass Jesus möchte, dass uns das Leben Spaß macht, natürlich nicht auf Kosten anderer, sondern mit ihnen zusammen, und nicht, dass wir bei jeder Bewegung und bei jedem Gedanken uns überlegen oder die Bibel hervorziehen, ob da irgendwas steht, dass man das nicht darf. Man sollte keine anderen Menschen verletzen, diskriminieren oder sonst auf deren Kosten leben. Das ist meiner Meinung nach das Wichtigste, was Jesus uns sagen möchte. Ich glaube an Jesus, wenn ich auch nicht alles glaube, was in der Bibel steht, sondern die Sachen auf heute zu übertragen versuche." (Nina, 17 J.)

Das „Spaß-Haben" ist für die Jugendlichen in ihrem Leben heute von zentraler Bedeutung. Eine einseitig auf die „Fun&Event"-Kultur ausgerichtete Lebenseinstellung mag mit Recht daraufhin zu hinterfragen sein, ob sie wirklich „trägt" und den Nächsten nicht vergisst. Nina hat für sich selbst einen Kompromiss gefunden, wie sich Spaß-Haben und Glaube an Jesus vereinbaren lassen. Für viele andere scheint dies jedoch ein Widerspruch zu sein. Warum, wird zumindest teilweise deutlich, wenn man das Jesusbild in den Aufsätzen ein wenig genauer analysiert: Auffallend häufig erscheint das Leben Jesu als das eines umherziehenden *asketischen (Moral-) Predigers* und Wunderheilers. Als ob er ein vom Himmel gefallener *Einzelgänger* wäre, werden die Jüngerinnen und Jünger, die mit ihm zogen, fast nie erwähnt. Dass Jesus mit ihnen, mit Zöllnern und Prostituierten Feste gefeiert hat – Tatsachen, die in der historischen Jesus-Forschung als gesichert gelten – scheint den Jugendlichen nicht bekannt. Könnte durch entsprechende Geschichten nicht die Einsicht vermittelt werden, dass Freude am Leben und Jesus-Glaube keine unvereinbaren Gegensätze darstellen, sondern zusammengehören?

2.4. Die Erwartung an die Existenz Jesu gegen die Vermutung bloßer Fiktivität

Das formal-operationale Denken ermöglicht es, auch den eigenen Glauben hypothetisch zu hinterfragen. Am radikalsten geschieht dies, wenn die Existenz Gottes selbst in Frage gestellt wird. Ist Gott vielleicht nur eine Idee, eine Fiktion? In den Aufsätzen wird deutlich, dass diese Frage in gleichem Maße auch auf Jesus bezogen wird. Wichtig ist die Beobachtung, dass es sich dabei fast immer auch um eine *Rückfrage nach der Tragfähigkeit und Glaubwürdigkeit der eigenen religiösen Sozialisation* handelt:

> „Ich habe auf jeden Fall einen Bezug zu Jesus, auch wenn ich nicht direkt an ihn glaube. Schon allein deshalb, weil ich von klein an seit der ersten Klasse bis zur Konfirmation und jetzt immer etwas über Jesus erfahren habe. Deshalb verinnerlicht es sich in einem. Man kann doch nicht 16 Jahre etwas von einer Person erzählt bekommen, die es nicht gibt?" (Marcus, 16 J.)

Im Folgenden sollen drei Punkte analysiert werden, die zum Auslöser solch zweifelnden Hinterfragens werden:

Von zentraler Bedeutung sind *erstens* all die Elemente der Jesus-Überlieferung, die in Konflikt mit einem (einseitig) rational-naturwissenschaftlichen Weltbild geraten können:

Dazu gehören die Jungfrauengeburt, die Gottessohnschaft und natürlich vor allem auch die *Wundertaten* Jesu. Je größeren Stellenwert diese Dinge im eigenen Jesusbild haben bzw. hatten, desto wahrscheinlicher und radikaler fallen die Zweifel an der Existenz Jesu aus. Manchmal können die Wunder Jesu dessen Glaubwürdigkeit jedoch sogar in den Augen derer gefährden, die ein durchaus positives, überzeugtes und aspektreiches Bild von Jesus haben.

In den Zweifeln an den Wundern Jesu spiegeln sich bei den einzelnen Jugendlichen *verschiedene Stufen des Wunderverständnisses*. Die Wunder werden umso eher zum Problem, je weniger der Übergang von einem mythisch-wörtlichen Verständnis zu einer übertragen-symbolischen Deutung im Jugendalter gelingt.[18] In den meisten Aufsätzen wird die Frage nach der Wahrheit der Wunder Jesu nur als Entweder-oder-Frage gestellt. Entweder sind sie historisch wahr oder symbolisch, aber nicht beides zugleich. Erst durch ein Denken in Komplementarität vermag diese falsche Alternative überwunden zu werden. Dass dessen Förderung eine zentrale kognitive wie religionspädagogische Aufgabe im Jugendalter darstellt, mag das folgende Beispiel verdeutlichen:

> „Jesus bedeutet für mich nicht sehr viel. Ich liege nicht jeden Abend im Bett und bete, denn ich weiß selber nicht genau, was ich von all den Geschichten in der Bibel halten soll. Manche sind so unglaubwürdig, dass ich denke, alles ist nur erfunden. Doch es gibt auch sehr glaubwürdige Geschichten, von denen ich überzeugt bin, dass sie wahr sind. Somit glaube ich nicht ganz, aber doch ziemlich an Jesus (und Gott). Zu der Frage, was Jesus uns heute sagen kann, fällt mir leider nichts ein."
> (Sabine, 17 J.)

In Sabines Aufsatz spiegelt sich ein Hin- und Hergerissensein im Glauben, das entscheidend von der Glaubwürdigkeit der biblischen Geschichten abhängt. Dieser Konflikt führt letztlich dazu, dass über eine Relevanz Jesu heute völlige Unklarheit besteht.

---

18 Vgl. hierzu die Untersuchung von Blum (1996), a.a.O.

Dass eine Reduzierung der Bedeutung von Wundergeschichten auf ihre heutige Funktion als Hoffnungsgeschichten des Glaubens bei einer Vergleichgültigung der historischen Wahrheitsfrage (Rückzug auf's Kerygma) für viele Jugendliche keine tragfähige Lösung darstellt, macht das folgende Beispiel deutlich:

> „Er vollbrachte unglaubliche Wunder. Er ermöglichte Blinden, ihr Augenlicht wieder zu bekommen, befreite Aussätzige von ihrer Krankheit und ließ sogar Tote wieder auferstehen.
> Ich denke, er wollte den Menschen damals zeigen, wie großartig sein Gott-Vater ist, […] Ob alles, was in der Bibel steht, auch so war, kann ich nicht beurteilen, ich selbst bin der Meinung, dass die Leute, die die Bibel zusammengefasst/-getragen haben, sicher manchmal unter-/ übertrieben haben. […] oder Dinge gar erfunden, um die Bedürfnisse der Zuhörer zu erfüllen oder einfach nur um ihnen wieder Mut zu machen, weiterhin an ihren Gott zu glauben. […] Für mich persönlich bedeutet Jesus nicht mehr so viel wie früher. Ich glaube, das hängt damit zusammen, dass man für den Glauben an Jesus etwas Naivität benötigt. Ich bin überhaupt nicht davon überzeugt, dass die erzählten Geschichten in der Bibel so waren, wie wir sie heute lesen können. Viele würden jetzt sagen, das sei doch egal, Hauptsache wäre doch, jeder kann sich durch die Aussage der Erzählungen Hilfe holen. Ich dagegen bin der Meinung, dass ich dann ja auch die Aussagen von Gesprächen mit verschiedenen Personen, anderer Bücher oder sonstigem als Hilfeleistung annehmen könnte." (Tabea, 17 J.)

In funktionalistischer Perspektive werden die Wundergeschichten letztlich austauschbar gegen andere Geschichten und Aussagen, die zudem oft der Gegenwart näher stehen und leichter zugänglich sind als die der Bibel.

Damit ist der *zweite* Punkt angesprochen, der den Glauben an die Existenz Jesu für Jugendliche erschwert: Es ist die *große zeitliche Distanz*, der „garstige Graben der Geschichte" (*Lessing*), der die Jesus-Überlieferung von der heutigen Zeit trennt: „Für mich ist Jesus aufgrund der nun fast 2000 Jahre schwer vorstellbar" meint z.B. ein Mädchen, das die Existenz Jesu bezweifelt. Dass man sich von Jesus kein rechtes Bild machen kann, liegt freilich bei vielen an einem nur noch sehr geringen Wissen über den Mann aus Nazareth, das sich oftmals auf Geburt, Wunderheilungen und Kreuzestod beschränkt.

> „Wenn ich bete, bete ich zu Gott und nicht zu Jesus. Ich kann mir Jesus schwerer vorstellen. Gott ist mir näher als Jesus." (Uwe, 17 J.)

Gott allein bleibt wichtig, er ist den Jugendlichen näher, obwohl sein von direkten christlichen Bezügen losgelöstes Bild kaum konkreter sein dürfte als das von Jesus. Der Vorzug des Glaubens an Gott liegt wohl darin, dass Gott auch als innerpsychische Erfahrung oder Vorstellung zugänglich ist, während Jesus gewissermaßen der Staub der Geschichte anhaftet, der seine Gegenwart unvorstellbar macht. Als Gestalt der Bibel ist Jesus auch den Zweifeln ausgesetzt, welche die *Glaubwürdigkeit* und die *historische Authentizität der biblischen Überlieferung* insgesamt betreffen.

> „Ich denke, dass Menschen im Verlauf der Jahrhunderte des Weitererzählens der Bibel viele Sachen verändert haben und ihre Wünsche miteinbezogen haben. Doch ich bin der Ansicht, dass es auf jeden Fall irgendjemanden gab, der sehr wichtig für die Menschheit war, sonst hätte sich dieses Bild nicht über Jahrtausende gehalten." (Petra, 16 J.)

Wenn die Existenz Jesu von Petra auch nicht grundsätzlich in Frage gestellt wird, so wird sein Bild durch die Zweifel an der Authentizität der biblischen Überlieferung sehr unscharf. Als „Gleichnis Gottes" (E. Jüngel), als Mensch, an dessen Leben sich ablesen lässt, wie und wer Gott für uns ist, kann Jesus aufgrund dieser Unsicherheiten für viele deshalb kaum mehr dienen.

Am radikalsten infrage gestellt wird die Existenz Jesu schließlich *drittens* von den Jugendlichen, die eine funktionale Erklärung des Jesus-Glaubens liefern. Jesus gerät ähnlich wie Gott in den Verdacht, nur eine *menschliche Projektion* zu sein. Statt in den Himmel projizieren die Menschen ihre Hoffnungen und Wünsche in einen Menschen, der nicht als *Menschwerdung* Gottes, sondern als eine *Anthropomorphisierung* Gottes erscheint:

> „Im Grunde halte ich Jesus für eine von Menschen erdachte Person, die es den Menschen einfacher macht, an etwas zu glauben (Gott). Es ist nur allzu menschlich, den Gottesglauben auf diese Weise zu personifizieren [...]" (Julian, 17 J.)

Von grundlegender Bedeutung für alle Zweifel an der Existenz Jesu und an der Glaubwürdigkeit der Bibel scheinen mir jedoch die Wundergeschichten zu sein. Das Arbeiten an einem kritisch-rationalen Anfragen standhaltenden Wunderverständnis stellt eine zentrale religionspädagogische Aufgabe des Jugendalters dar.

2.5. Die Erwartung an das glaubwürdige Zeugnis von Jesus und an die weltverändernde Kraft und Relevanz des Christus-Glaubens

Nach *Nipkow* (1987) sind es „erdrückende Befunde", die belegen, „wie sehr es für junge Menschen darauf ankommt, wer glaubt, wie viele andere auch glauben und vor allem, wie andere ihren Glauben leben."[19] Diese Einsicht ist auch grundlegend für die im Jugendalter dominierende Stufe des synthetisch-konventionellen Glaubens im Sinne Fowlers. In den Aufsätzen äußern sich sehr viele Jugendliche dazu, wie sie die Glaubenspraxis und -motive der Menschen heute wahrnehmen.

> „Die ersten Menschen, die von ihm erfahren haben, glaubten vielleicht an ihn aus eigener Überzeugung, aber im Laufe der Zeit wurde der Glaube nur noch weitergegeben wie ein Erbe. Wenn die Eltern christlich sind, werden die Kinder auch christlich. Ich kenne so gut wie niemanden, der trotz christlichen Eltern Moslem geworden ist." (Martin, 17 J., o.B.)

---

19 Nipkow (1987), a.a.O., 244f.

> „Häufig ist der Glaube heutzutage keine Überzeugungssache mehr. Viele Menschen sagen nur, sie seien Christen, obwohl sie mit der Lehre dieser Religion nicht viel zu tun haben; der Glaube wurde einfach durch Eltern und Vorfahren weitergegeben, und die Überzeugung ‚verblasst' von Tradition zu Tradition." (Eva, 17 J.)

Vielen Jugendlichen erscheint der Glaube an Jesus nur noch als bloße Tradition, hinter der oftmals keine persönliche Überzeugung mehr steckt. Andere hören sogar bereits die Totenglocken des Christentums läuten, da sie in ihrem sozialen Umfeld kaum noch Leute kennen, die ernsthaft glauben.

> „Ich denke, dass das Christentum in weiter Zukunft einmal erloschen sein wird. Auch in meinem Umfeld gib es kaum noch streng Gläubige. Ich persönlich halte das Christentum nicht für falsch, aber ich benutze es auch nicht." (Andreas, 16 J.)

Wie Andreas bekunden viele Jugendliche grundsätzlichen Respekt für Jesus und die mit ihm verbundenen Werte und Überzeugungen. Einigen tut es sogar ausgesprochen „leid, dass das Thema in Vergessenheit geraten ist" (Anke, 16 J.), persönlich praktizieren sie den Glauben aber nicht. Dies liegt offensichtlich ganz entscheidend daran, dass es für sie *an Ermutigung durch positive Beispiele des Glaubens fehlt*. Gerade überzeugte Jugendliche heben hervor, wie wichtig für sie Eltern, Freunde, Bekannte als Vorbilder sowie positive Erfahrungen mit der Kirche für ihren Bezug zu Jesus sind.

> „Ich lernte Jesus schon sehr früh kennen. Mit 6 oder 7 Jahren ging ich das erste Mal in die Christenlehre, nach einem Umzug habe ich erneut Anschluss in einer Gemeinde gefunden, die mir half, mit Jesus umzugehen und ihn zu verstehen. Jungscharen, die ich jahrelang besuchte und später leitete, begleiteten mich auf dem Weg mit Jesus. Diese Zeit hat mich am stärksten geprägt und beeinflusst. Die Sicherheit, mit der mein Vater von Jesus spricht und von einem erfüllten Leben bei Gott erzählte, übertrug sich auch auf mich." (Sara, 17 J.)

> „Zum einen wurde ich christlich erzogen, zum anderen bin ich vor einigen Jahren in eine Gruppe der Evangelischen Landeskirche gekommen und habe dort eine ‚Art von Zusammensein' entdeckt, die mir gezeigt hat, dass es jemand wie Jesus gegeben haben muss." (Fabian, 17 J.)

Die positiven Erfahrungen in der christlichen Gemeinschaft mit Gleichaltrigen vermögen für Fabian gewissermaßen einen „Existenzbeweis" Jesu zu liefern. So hält er trotz mancher Zweifel an Wundern oder Gottessohnschaft am Glauben fest, während für andere, die solche Erfahrungen nicht gemacht haben, dadurch häufig auch die Existenz Jesu fraglich wird.

Ähnlich folgenreich wie das Fehlen positiver Erfahrungen ist die Begegnung mit als negativ oder abschreckend erlebten Glaubensformen. Glaube wird oft als etwas wahrgenommen, das primär eine *kompensatorische Funktion* erfüllt, indem Menschen einen Halt oder eine Stütze im Leben finden. Er besteht aus „Beten und In-die-Kirche-Rennen", aber nicht aus dem „Tun" (Jana, 17 J.) Nur sehr selten scheint der Glaube einen Mehrwert zu bringen, d.h. eine im positiven Sinne lebensverändernde und weltgestaltende Kraft zu sein. Vielmehr erscheint er als *Flucht vor der Realität* oder als ein ängstliches Sich-Festklammern an etwas. Manche vermissen bei den Glaubenden den Mut und das couragierte Auftreten, das Jesus selbst ausgezeichnet hat:

> „Heute sind die meisten, die glauben seiner Lehre zu folgen, Weicheier und Sitzpinkler, die vergessen haben, wie Jesus die Händlerärsche aus dem Tempel geprügelt hat. Er hat sich nicht mit einer Kerze vor den Tempel gestellt und Lieder wie ‚Ich stehe hier allein mit Gott... lala ...' gesungen. Er war ein idealistischer Sozialist und sicher nicht irgendeiner." (Sven, 17 J.)

Svens Kritik entzündet sich an einem Glauben, der sich in frommer Innerlichkeit erschöpft, anstatt das revolutionäre Potenzial von Jesu Botschaft in die Tat umzusetzen. Oft wird der Glaube an Jesus heute in Parallele zu damals vor allem als *Hilfe für trostbedürftige Randgruppen*, für Arme, Alte oder Kranke angesehen. Unter jungen Menschen scheint er kaum verbreitet, zumal sich diejenigen, die glauben, selten getrauen, sich dazu zu bekennen, da Jesus ein „*Imageproblem*" besitzt und als „uncool" gilt (s. 2.3.).

Die Kritik der Jugendlichen richtet sich nicht nur an die Gläubigen, sondern auch an die *Kirche* selbst. Sie wird zu Recht daran gemessen, *ob sie den von Jesus gesetzten Maßstäben entspricht*. Dabei fällt ihr Urteil meist sehr negativ aus, und zwar sowohl im Blick auf die Gegenwart, als auch auf die Vergangenheit: „Seine Lehre wurde von Tausenden missverstanden, verändert und missbraucht." (Sven, 17 J.) Es ist erstaunlich, dass einige dieser Jugendlichen trotz ihrer Kritik *gegen die Kirche an Jesus festhalten*:

> „Jesus stand schon immer für Nächstenliebe, aber dennoch wurden in seinem und in Gottes Namen zahllose Verbrechen begangen (Inquisition, Eroberung von Amerika/Unterdrückung und Versklavung der Indianer). Deshalb gilt auch heute noch das Gebot der Nächstenliebe. Es ist wahrscheinlich sogar wichtiger als je zuvor, denn auf der ganzen Welt gibt es Millionen von Hilfsbedürftigen, Hungernden und Verfolgten, die nur mit unserer Hilfe überleben können." (Michael, 16 J.)

> „Ich persönlich wäre Jesus gerne einmal begegnet und hätte ihn mal gefragt, was er von uns Menschen heutzutage hält und von der Kirche als Institution selbst, die ich manchmal für ziemlich fragwürdig halte. Alles in allem würde ich mich nicht als sehr christlich bezeichnen, wenn christlich bedeutet, jeden Sonntag in die Kirche zu gehen. Aber an Gott und Jesus glaube ich, seit ich denken kann." (Alexandra, 17 J.)

Nicht nur der *Missbrauch der Botschaft Jesu* wird kritisiert, sondern manchmal auch das *Ausbleiben positiver Veränderungen* in der Welt seit Jesu Auftreten: „Hat das Leben Jesu nun tatsächlich etwas an allem Unrecht geändert?" (Ines, 16 J.) Solche Kritik ist berechtigt, sie scheint mir aber auch Folge einer Behandlung Jesu im Unterricht zu sein, welche die Erwartung weckt, dass alles besser wird, wenn alle nach Jesu Vorbild lebten („Jesus als Beispiel gelingenden Lebens"). Demgegenüber müsste m.E. der Akzent mehr auf die Spannung zwischen dem „Schon" und dem „Noch-nicht" und den zeichenhaften Ausdruck der christlichen Hoffnung im Alltag gelegt werden. Auch hier gilt, was als Fazit abschließend festzuhalten ist, dass ohne Ermutigung durch positive Glaubensvorbilder und eine Unterstützung und Begleitung durch signifikante Andere der Glaube an Jesus für die Jugendlichen in der heutigen Welt keine Relevanz zu gewinnen vermag.

2.6. Die Erwartung an einen alle Menschen umfassenden Heilswillen Gottes gegen einen soteriologischen Exklusivitätsanspruch Christi

Diese sechste und letzte Einbruchsstelle findet sich im Vergleich zu den anderen in den Aufsätzen zwar etwas seltener, implizit scheint sie mir letztlich aber bei vielen ein Grund für die Verunsicherung im Glauben einerseits und für eine Vergleichgültigung der religiösen Wahrheitsfrage andererseits zu sein. Den Jugendlichen ist bewusst, dass in der heutigen religiös pluralen Situation auch der christliche Glaube den Anspruch auf Sinnstiftung und Wirklichkeitsdeutung mit anderen Religionen und Weltanschauungen teilen muss. Dass in Jesus allein der Grund unseres Heils liegt und nur im Glauben an ihn der Sinn des Lebens zu finden ist, diese Überzeugung wird von vielen kritisch hinterfragt:

> „Es gibt ziemlich viele Bilder, Theorien, Glaubenssätze, ‚was man so sagt' in meinem Kopf. Vor allem der Konflikt, warum dies der einzige Glaube ist. Auf jeden Fall weiß ich, dass trotz diesem ganzen Wirrwarr Jesus uns etwas von einem ‚andersartigen' Leben vermitteln wollte, einem Leben mit Gott. Nicht unbedingt ein ‚besseres', aber eines, das nichts zu tun hat mit den Maßstäben und Idealen, denen wir heute grade ständig nachrennen." (Britta, 17 J.)

Britta hat für sich trotz ihrer Zweifel einen tragfähigen Kompromiss zur Deutung der Person Jesu gefunden, indem sie Jesus vor allem als Vorbild des Glaubens und Handelns sieht.

Die für den christlichen Glaubens grundlegende *soteriologische Bedeutung* Jesu wird insgesamt nur von einem Drittel der Jugendlichen genannt, und nur etwa die Hälfte von ihnen verbindet auch persönlich etwas mit Jesus als Erlöser. Die klassische „Heilsfrage" nach eschatologischem Gerettet- oder Verloren-Sein ist für die meisten Jugendlichen deshalb keine existenzielle Frage, weil sie einfach erwarten, dass ein liebender Gott alle Menschen rettet und dass es nach dem Tod „irgendwie" weitergeht. In kritischer Abgrenzung gegenüber einer christlichen Verabsolutierung Jesu als – hier allerdings gesetzlich verstandenem – alleinigem Heilsweg hält der Junge im folgenden Beispiel an einem *universalen Heilswillen Gottes* fest, der allen Menschen gilt:

> „Der christliche Glaube sagt, dass der, der nach den Gesetzen lebt, die Gott uns gesagt hat, in den Himmel kommt. (Ich glaube aber, dass alle Leute in den Himmel kommen, egal an welche Religion sie glauben.)" (Matthias, 17 J.)

Auch für das diesseitige Leben erscheint Jesus nur sehr wenigen als einzige sinngebende Kraft. Selbstbewusst-trotzig wird dies abgelehnt mit dem Argument: „Ich persönlich brauche Jesus nicht, um glücklich zu sein" (Petra, 16 J.). Den Jugendlichen ist bewusst, dass das Christentum in einer pluralen, multireligiösen Gesellschaft sein *Monopol als allein sinnstiftende Religion verloren hat*.

> „Nicht alle Menschen suchen Hilfe bei Jesus und dem für sie damit verbundenen Christentum. Sie erkunden auch andere Religionen und sehen dort Götter, die ihrer Meinung nach auch Lebenshilfe leisten können." (Kerstin, 16 J.)

Jesus wird dadurch zu einer religiösen Mythengestalt unter anderen. Die *Wahrheitsfrage* muss damit zwar nicht zwangsläufig vergleichgültigt werden, erfährt aber zumindest eine *Subjektivierung*:

> „Es gibt auch genug Menschen, die nicht an Jesus glauben, dafür an irgendeine andere Religion. Ich kann für mich das Christentum auch nicht als die ‚wahre' Religion ansehen, denn es ist für mich nur eine von vielen. Aber ich glaube schon, dass es so etwas wie Gott gibt, denn der Mensch kann nicht beweisen, dass es keinen gibt (natürlich auch nicht, dass es einen gibt). Der Mensch kann so vieles nicht beweisen. Aber der Mensch hat eben einen Glauben, den er sich selber bilden muss. Nur das zu glauben, was man sieht, wäre lächerlich." (Oliver, 17 J.)

Der einzige Ausweg aus diesen konkurrierenden Wahrheitsansprüchen scheint für viele ein allgemeiner Glaube an einen unbestimmten Gott zu sein. Unter diesem Vorzeichen wird auch die *Weitergabe des Glaubens kritisch gesehen*: Abgelehnt werden sowohl eine als bedrängend empfundene Evangelisierung „christlicher Sekten" hierzulande als auch eine weltweite Mission, „weil Missionare schon viele Kulturen kaputt gemacht haben." (Katja, 17 J.) In diesem Zusammenhang wird dann zu Recht auch eine als anmaßend erlebte Haltung von Christen verurteilt, die Angehörigen anderer Religionen nur mit Mitleid und Geringschätzung oder belehrender Besserwisserei begegnen:

> „Ich persönlich würde mich nicht als ‚100%igen Christen' bezeichnen. Ich glaube zwar ebenfalls an Gott (oder eine höhere Person), doch viele Ansichten über ihn empfinde ich für mich als falsch und manchmal grauenhaft. Bsp.: Alle Menschen sind gleich vor Gott und trotzdem meinen viele Christen, die ich kenne, dass Moslems arme, kleine, dumme und unwissende Wesen sind, deren Leben nicht so viel wert ist und die etwas verpassen." (Jan, 17 J.)

Auch Jesus selbst wird zumindest von einigen nicht länger nur als alleiniges Eigentum des Christentums gesehen. Im Wissen um die Bedeutung, die Jesus auch für das Judentum und den Islam besitzt, wird *Kritik* geäußert *an einer Vereinnahmung und exklusiven Beanspruchung Jesu* durch die Christen: „Die Christen erheben oft den alleinigen Anspruch auf Jesus, doch die Moslems glauben auch an ihn." (Sven, 17 J.) Gleichzeitig kann dieses Wissen auch zu einem Argument werden, um z.B. die christliche Deutung Jesu als Gottes Sohn zu relativieren.

Religionspädagogisch ist hier dreierlei geboten: Erstens darf die Frage nach Jesus nicht länger als eine nur das Christentum betreffende Sache behandelt werden, sondern sollte auch muslimische und jüdische Deutungen Jesu miteinschließen. Zweitens gilt es, in der Perspektive einer Theologie des interreligiösen Dialogs nach Wegen zu suchen, wie das Heilsgeschehen in Jesus als ein zwar nicht von allen Menschen geglaubtes, aber von Gott allen Menschen zugedachtes und zugeeignetes Geschehen verstanden werden kann. Drittens sollte entgegen den Tendenzen der Vergleichgültigung von Glaubensangelegenheiten versucht werden, das Interesse der Jugendlichen an der Wahrheitsfrage wach zu halten bzw. zu wecken, weil diese gerade für den interreligiösen Dialog ein wesentliches Moment darstellt.

3. Die christologischen Fragen Jugendlicher als religionspädagogische Herausforderung

Die Analyse der sechs Einbruchsstellen hat gezeigt, dass es nicht einfach Gleichgültigkeit oder Unwissenheit sind, die für den Bedeutungsverlust von Jesus bei Jugendlichen verantwortlich sind. Vielmehr ist bei erstaunlich vielen ein ernsthaftes, wenn auch kritisches Interesse vorhanden, sich mit Jesus auseinander zu setzen. Dabei sind es vor allem *christologisch zentrale Fragen*, die sich häufig aus dem Jesus-Glauben der Kindheit ergeben, die zum Problem werden. Weil sie (noch) keine befriedigende, tragfähige Antwort gefunden haben, führt dies bei vielen Jugendlichen zu einem Abschied vom Glauben an Jesus als Gottes Sohn und damit letztlich auch zu einer Abkoppelung der Gottesfrage von christlichen Bezügen. Abschließend soll nun noch in aller Kürze die eingangs aufgeworfene Frage aufgegriffen werden, wie religionspädagogisch diesem Befund angemessen zu begegnen ist.

Festzuhalten ist – schon um der Identität des christlichen Glaubens willen – an der religionspädagogischen Grundaufgabe, den Heranwachsenden *entwicklungsadäquate Zugänge zur*

Geschichte und Person Jesu zu ermöglichen. Mehrfach wurde in jüngster Zeit von Religionspädagogen darauf hingewiesen, dass auch in der Situation religiöser Pluralität die Rückfrage nach Jesus Christus grundlegende Bedeutung für das christliche Gottesverständnis hat.[20] Gerade angesichts der zentralen Schwierigkeiten Heranwachsender mit der Gottesfrage „kann die christliche Religionspädagogik nur mit den biblischen Geschichten von *Jesus von Nazareth* bezeugend antworten, denn er ist ‚das Gleichnis Gottes' (E. Jüngel)", so die Denkschrift der EKD zum Religionsunterricht von 1994.[21]

Trotz dieser so deutlichen Voten zeigt sich bei der Suche nach Konzeptionen zu „Jesus" in der Religionsdidaktik sowie in der Curriculumsplanung, dass Ansätze, welche das Thema entwicklungspsychologisch *und* christologisch ausreichend reflektieren, (noch) Mangelware sind.[22] So beschränkt sich beispielsweise der gymnasiale Lehrplan in Baden-Württemberg weitgehend auf den historischen Jesus, während die christologischen Fragen, welche die Heranwachsenden bewegen, allenfalls am Rande und oft – wenn überhaupt – erst in der Oberstufe thematisiert werden.[23]

---

20 Vgl. Lähnemann, J. (1998): Evangelische Religionspädagogik in interreligiöser Perspektive. Göttingen, insbes. 233ff.; Nipkow (1998), a.a.O., 260ff., 509ff. u.ä. sowie die Denkschrift der EKD (1994): Identität und Verständigung. Standort und Perspektiven des Religionsunterrichts in der Pluralität. Denkschrift, hg. vom Kirchenamt der EKD, Gütersloh, 18f.
21 EKD (1994), a.a.O., 19.
22 Besonders hervorzuheben bei den Bemühungen in diese Richtung ist das neueste Jahrbuch der Religionspädagogik (1999), in dem die Christologie als religionspädagogisches Thema aus vielfältigen Perspektiven beleuchtet wird. Biehl, P. u.a. (Hg.) (1999): Jesus Christus in Lebenswelt und Religionspädagogik. (JRP 15) Neukirchen-Vluyn.
23 Dies kann hier nicht im Einzelnen aufgezeigt werden. Zur Kritik am Lehrplan der Hauptschule, der von den wesentlichen Inhalten und vom Grundansatz her dem in Realschule bzw. Gymnasium gleicht, vgl. Rupp, H. (1998): Jesus, der freundliche Mitbürger von Nebenan? Anfragen an das Jesusbild im Lehrplan evangelische Religion in der Hauptschule in Baden-Württemberg. In: Wegstrecken, FS Thierfelder, Stuttgart, 137-149.

Im Blick auf den Religionsunterricht stellt sich damit die Aufgabe, auf der Grundlage von kognitiv und entwicklungspsychologisch gedeuteten empirischen Befunden ein *christologisch orientiertes Kerncurriculum zur Gottesfrage* zu konzipieren. Gerade im Dialog mit neueren christologischen Ansätzen in der Theologie wäre hier nach Wegen zu suchen, wie Jesus Christus als Schlüssel zur Gottesfrage von den Heranwachsenden so erkannt werden kann, dass der *Gottessohn Jesus* nicht in den Verdacht einer weltfremden Göttlichkeit gerät, sondern dass an ihm gerade die Nähe und die *Menschlichkeit Gottes* deutlich zu werden vermag. Der *zentrale Grundkonflikt*, der implizit den meisten Einbruchsstellen zugrunde liegt, ist nämlich die Frage, wie sich das Leben Jesu ganz und gar als das eines *Menschen* verstehen lässt, ohne dass seine *Zusammengehörigkeit mit Gott* deshalb fraglich werden muss. Diese Frage der Heranwachsenden ist theologisch sachgemäß und richtig, es kommt nun darauf an, sie pädagogisch ernst zu nehmen und als didaktische Herausforderung zu begreifen. Gelingt es, mit den Jugendlichen darüber in ein fruchtbares Nachdenken einzutreten, so besteht die Chance, dass die Einbruchsstellen des Jesus-Glaubens im Jugendalter nicht zum endgültigen Abschied von Jesus als Gottes Sohn führen müssen, sondern dass zumindest eine Offenheit für weitere Begegnungen mit Jesus auf dem Weg der Gottesfrage erhalten bleibt.

Jesus in schriftlichen Äußerungen Jugendlicher

ROBERT SCHUSTER

Seit den frühen achtziger Jahren haben Jugendliche in beruflichen Schulen in Württemberg immer wieder auch Texte zu Jesus geschrieben. Die wenigsten wurden veröffentlicht[1], die meisten befinden sich im Archiv für Religionskunde am Pädagogisch-Theologischen Zentrum in Stuttgart. Der folgende Beitrag beschäftigt sich mit Jesus-Texten, von denen die meisten zwischen 1994 und 1999 geschrieben wurden. Sie stammen aus 14 Gruppen des Religionsunterrichts an beruflichen Schulen in Württemberg. Zugänglich gemacht wurden sie uns durch Bärbel Hornberger, Regine Neth, Annegret Gleich, Katharina Rehm, Albrecht Häußler und Alfred Trautmann im Einverständnis mit den Jugendlichen. Die Verfasserinnen und Verfasser sind zwischen 16 und 20 Jahren alt gewesen. In einigen der Gruppen waren evangelische, katholische und sogar einzelne muslimische Jugendliche zusammen.

Die Texte sind nicht innerhalb einer geplanten Befragung entstanden. Es sind Gelegenheitstexte, auf deren Schreiben sich die Jugendlichen von sich aus einlassen mussten. Die Fragen, die ihnen vorgegeben wurden, waren Anstöße zur eigenen, freien schriftlichen Mitteilung und wurden von den Jugendlichen auch als solche aufgenommen. Solche Vorgaben waren u.a. *Wer war Jesus? Wer ist Jesus für uns? Was bedeutet Jesus für uns/für mich?* In zwei Gruppen (R. Neth) wurden Jugend-

---

1 Schuster, R. (Hg.) (1984): Was sie glauben. Texte von Jugendlichen, Stuttgart. – Eine eingehende Auswertung dieser Texte findet sich bei: Nipkow, K.E. (1987): Erwachsenwerden ohne Gott? Gotteserfahrung im Lebenslauf, München.

liche dafür gewonnen, eigene freie Nacherzählungen der Weihnachtsgeschichte zu schreiben. Die Jugendlichen wussten, dass ihre Texte nicht nur von der Lehrerin oder dem Lehrer gelesen werden, sondern auch in der jeweiligen Gruppe von den anderen Jugendlichen und dass sie im Unterricht meistens auch besprochen werden. Sie wussten auch, dass ihre Texte außerdem auch von einzelnen Erwachsenen außerhalb gelesen werden.

Texte, die solcherweise für die Kommunikation geschrieben wurden, tragen an alle ihre Empfänger vor allem die Erwartung heran, dass ihre Verfasserinnen und Verfasser *verstanden* werden. Diese grundlegende Textintention bestimmt auch den folgenden Beitrag. Es soll versucht werden, individuelle Äußerungen Jugendlicher zur Person Jesu *als Rede* Jugendlicher eingehender zu verstehen.

Rede von Jesus ist in dem Gebiet, in dem die Jugendlichen aufgewachsen sind, bei den meisten von ihnen immer noch ein Aufnehmen von und ein Stellungnehmen zu der *Tradition*, aus der sie von Jesus erfahren haben. Sie kann von den meisten Jugendlichen einmal dadurch aktualisiert werden, dass sie, z.B. der Schreibvorgabe *„Wer war Jesus?"* folgend, die ihnen tradierte Geschichte Jesu reformulieren und darin Jesus vor allem *darstellen*. Und sie können, sich z.B. auf die Frage nach Jesu *Bedeutung* einlassend, ausdrücklich *zu* dieser Tradition *Stellung nehmen*. Beiden Möglichkeiten der Rede Jugendlicher soll hier nachgegangen werden. Zu beiden versuchen wir jeweils die einzelnen Themen zu erkennen, die Jugendliche in ihren Texten immer wieder hervorheben, bekunden oder auch als Problem anzeigen. Damit sollte ein Horizont gewonnen werden, der es erlaubt, in den Äußerungen der Jugendlichen zu Jesus die unterschiedlichen Möglichkeiten ihrer Rede genauer wahrzunehmen. Dieser Horizont ist an den Texten der Jugendlichen selbst abgelesen, aber er ist nicht geschlossen.

Die für den Beitrag ausgewählten Texte und Textpassagen sollen jeweils repräsentative Beispiele für die Rede der Jugendlichen selbst sein, um deren Verständnis es geht. Die Bemühung um dieses Verständnis unterscheidet sich von einer Auswertung sowohl durch das „Material" wie durch das

Vorgehen. Es gehört zu den Bedingungen der Verstehensversuche, nicht abgeschlossen zu sein, sondern sich in Annäherungen zu bewegen. Und sie stehen unter dem Vorbehalt, das, worin die Schreibenden verstanden werden wollten, zu verfehlen. Umso mehr, als dabei versucht werden muss, auch nach der Situation zu fragen, aus der diese selbst in ihren Texten sprechen. Diese Texte sind ihrerseits ebenfalls *vorläufig*, nicht nur weil fast alle Jugendlichen ihre eigenen Mitteilungen noch sehr verändern könnten, sondern auch deshalb, weil sie auf die Gespräche warten, die sie aufnehmen.

Die Texte wurden in der Wiedergabe orthografisch verbessert, ihre Zeichensetzung belassen. Die Signaturen bezeichnen den Ort der Originale im Archiv.

Die Geschichte – Darstellungen von Jesus

1. In einem Stall

Nur eine Jugendliche, die in Russland aufgewachsen ist, sagt: „Mir fällt keine Weihnachtsgeschichte ein weil ich in Russland keinen Religionsunterricht gehabt habe." Alle anderen in ihrer Klasse kennen diese Geschichte und können sie schriftlich nacherzählen. Hier zwei Beispiele:

„Der Kaiser Augustus wollte sein ganzes Volk zählen lassen. Jeder musste in die Stadt wo er geboren worden ist und sich eintragen lassen. So musste Josef mit seiner Verlobten Maria, die ein Kind erwartete, nach Bethlehem gehen. Sie beschlossen, mit dem Esel nach Bethlehem zu gehen. Sie kamen in Bethlehem an und ließen sich eintragen. Sie brauchten für die Nacht eine Unterkunft, da Maria das Kind erwartete. Josef versuchte es als Erstes bei einem Gasthaus. Die schickten sie gleich wieder weg. Sie meinten dass sie total ausgebucht sind. Sie ziehen weiter und versuchen es erneut bei einem anderen Gasthaus. Sie sagen ihnen auch, dass sie keinen Platz mehr haben aber sie sollen es doch bei einem Bauern versuchen, der könnte ihnen vielleicht weiterhelfen. Josef und Maria gingen zu dem Bauern und fragten ihn, ob sie eine Unterkunft für die Nacht haben können, da Maria schwanger ist. Der Bauer sagte, dass er kein Zimmer mehr

habe, aber sie können im Stall schlafen, er gab ihnen Decken mit und führt sie zum Stall. In der Zwischenzeit erschienen den Hirten draußen auf dem Feld Engel, die ihnen sagten, dass sie dem Stern mit dem Schweif folgen sollen. Er führe sie zu dem neuen König. Der in der Krippe geboren wurde. Als die Engel gegangen waren, gingen die Hirten wie ihnen gesagt worden ist dem Stern nach und sie fanden Jesus und der Krippe wie ihnen gesagt worden ist. Sie brachten ihm Geschenke mit und knieten vor ihm nieder und beteten ihn an…" (BAL/W, eine Fünfzehnjährige)

„Es war bitter kalt und ein eisiger Wind wehte um die Häuser. Keine Menschenseele war auf der Straße, denn die Bewohner von Bethlehem saßen in ihren warmen Häusern. Doch da, auf der anderen Straßenseite zwei Gestalten. Kraftlos liefen Josef und seine hochschwangere Frau Maria von Haus zu Haus und baten um einen Schlafplatz, doch niemand ließ sie herein. Als Josef sah, dass seine Frau nicht mehr weiter konnte und das Kind wohl bald kommen würde, half er seiner Frau in einen Stall. Behutsam legte er Maria in das weiche Stroh. Schon bald brachte sie zwischen einer Kuh und einem Esel einen gesunden Jungen zur Welt, den sie Jesus nannte, so wie Gott es gewollt hatte. Draußen auf der Alm hüteten Hirten ihre Herden, da sahen sie ein Licht und Engel erschienen ihnen. Sie berichteten, dass der Heiland geboren wurde und die Hirten machten sich sofort auf den Weg zu dem Stall. Sie fanden das Jesuskind in der Krippe liegen und beschenkten es mit Fellen…" (BAL/W, eine Siebzehnjährige)

In diesen wie in anderen Nacherzählungen der Weihnachtsgeschichte begegnen wir einer Mimesis, in der die Jugendlichen sich sehr frei bewegen. Es sind lauter Neuinszenierungen, in denen sie zeigen, wie sie in eigener Rede die Geburtsgeschichte Jesu jetzt oder später auch mündlich weitererzählen könnten (z.B. ihren Kindern). Sie gestalten die Geschichte nach Gehör. Und wenn da einzelne Motive und Worte aus dem Lukasevangelium laut werden, sind auch die dort gehört worden, wo diese Jugendlichen selbst *Zuhörende* der ganzen Erzählung waren. Sie gestalten die Geschichte aber auch aus den unvergesslichen Szenen, in der die Weihnachtsgeschichte so vielen Generationen und ihnen auch ausgemalt wurde. Die notvolle Herbergssuche von Maria und Josef, mit der die

Krippenspiele die kurze und so gewichtige Bemerkung des Lukas dramatisiert haben „... denn sie hatten sonst keinen Raum in der Herberge". Wenn die Jugendlichen selbst erzählen, dann wird dieses Elend und die schließliche Notunterkunft fast immer der farbigste und anschaulichste Teil der Geschichte, die zentrale Episode mit ihren drängenden Problemen und deren Notlösung. Und da trauen sich die Jugendlichen auch am weitesten in die freie Nacherzählung hinein. Da spielt die Geschichte auf der Ebene, auf der sich die Jugendlichen am besten auskennen und auf der sie die Personen der Handlung am menschlichsten zeichnen können. Das kann auch sehr kurz geschehen: „*Es schneite und es war kalt und alle Gasthäuser waren überfüllt und sie hatten kein Geld. Da Maria kurz davor war ihr Kind zu bekommen, gingen sie in einen Stall. Neben einem Ochsen und einem Esel wurde Jesus Christus geboren. Maria und Josef legten den Neugeborenen in eine Krippe.*" (BAL/W)

Die wunderbaren Ereignisse werden meistens auch in die Nacherzählung aufgenommen, aber oft zurückhaltender. Den Hirten erscheint der Engel, bei manchen auch noch der Stern aus dem Matthäusevangelium. Bildmotive wirken da mit, Krippenszenen wohl auch.

Kaum sonst wo schließen sich Jugendliche so nah an Tradition an wie in Nacherzählungen der Geburtsgeschichte Jesu. Sie ist ihnen selbst oft von früh an als Agende des großen Festes erzählt und wieder erzählt worden. Was sie dann nacherzählen, ist dann aber vor allem die *Welt,* in der das Kind geboren wird. Und wie in B. Brechts „Von der Freundlichkeit der Welt" ist es die „voller kaltem Wind", in der der Mann mit seiner schwangeren Frau nicht wissen, wo sie unterkommen sollen. Das geht aus der Weihnachtsgeschichte unvergesslich auch in ihre „Christologie" ein.

2. Vita

Wer war Jesus? Im Credo wird er als der ewige Sohn Gottes in den einmaligen Ereignissen seines Weges bekannt: Menschwerdung, Leiden, Sterben, Auferweckung und Erhöhung zur Rechten Gottes. Viele Jugendliche beantworten die Frage in einem sehr viel kürzeren Credo-Satz. Jesus *„der Sohn Gottes und der Verkünder von Gottes Wort", „Er war Gottes Sohn", „der Sohn Gottes und die ausführende Kraft Gottes", „er war der Sohn Gottes, ist es immer noch".* Manche Jugendliche folgen deutlicher dem kirchlichen Credo, z.B.: *„Jesus war der Sohn der Jungfrau Maria. Er wurde in Bethlehem in einem Stall geboren. Er starb am Kreuz und ist am dritten Tage wieder auferstanden, in den Himmel zu Gott."* (CR 20/2) Für manche Jugendliche ist die Frage aber auch Anlass zu Texten wie z.B. den folgenden:

„Er war der Sohn Gottes bzw. der Sohn von Josef und Maria und wurde in Bethlehem geboren. Er lernte den Beruf des Zimmermanns, welchen er auch einige Zeit ausübte. Dann wurde er durch seine Reden und durch sein Handeln bekannt, was ihm viele Anhänger, aber auch Feinde einbrachte. Gestorben ist er am Kreuz."
(CR 25/13)

„Jesus war der Sohn eines Zimmermanns, nicht wohlhabend. Er war ein normaler Mensch, er war kein Hellseher, aber er tat immer Gutes. Er war ein normaler Mensch, weil er selbst reingelegt wurde von Judas. Er hat mit den Armen geteilt und für Gerechtigkeit gesorgt."
(CR 23/2)

„Jesus wurde als Sohn Gottes durch Maria geboren. Er kam als Menschenkind auf unsere Welt, lernte später Zimmermann, predigte, brachte das Wort Gottes zu den Menschen, vollbrachte Wunder indem er kranke, blinde Menschen heilte und Tote wieder zum Leben erweckte. Wurde dann durch Pontius Pilatus gekreuzigt."
(CR 21/3)

„Sohn von Maria und Josef. Nahm Ärger und Verachtung in kauf, wenn er sich auf die Seite der Ausgestoßenen und Gesetzesübertreter stellt, wie z.B. bei der Ehebrecherin, die gesteinigt werden sollte. Er war ein hilfsbereiter Mann, setzte sich für Kranke, behinderte und arme Menschen ein. An der Fußwaschung kann man sehen, dass er Dienste erweisen konnte. Er war auch kein reicher Mann. Seine außergewöhnlichen Fähigkeiten nutzte er nie für seine persönlichen Vorteile aus, sondern heilte Kranke. Von ihm ist eine weltweite Wirkung ausgegangen. Er war ein Mann mit Ecken und Kanten."
(CR 26/2)

„Er war Sohn Gottes und seine Mutter war die Jungfrau Maria. Geboren wurde er in einem Stall in Bethlehem. Dort mussten Maria und Josef hin wegen einer Volkszählung. Zu der Zeit seiner Geburt herrschte dort König Herodes, der ihn schließlich auch umbringen wollte, da er Angst um seine Herrschaft hatte. Nach der Volkszählung gingen sie wieder nach Nazareth, wo er den Beruf des Zimmermanns erlernte. Nach einigen Jahren verließ er Nazareth, zog mit einem Fischerboot umher und forderte Menschen auf, alles stehen und liegen zu lassen um mit ihm umherzuziehen. Dabei predigte er sehr gut und lehrte die anderen, an Gott zu glauben und dieses Wissen wiederum anderen weiterzugeben." (CM 24/20)

„Jesus wuchs als gewöhnliches Kind auf, seinen Eltern war er stets ein gehorsamer Sohn. Er lernte den gleichen Beruf seines leiblichen Vaters Josef. Im Mannesalter zog er aus und begann Gottes Wort und seine Botschaft den Juden zu predigen. Im Alter von dreißig Jahren wurde er getauft und bekam Gottes Heiligen Geist, der in Form einer Taube auf ihn herabflog. Seit dem Zeitpunkt konnte er Wunder bewirken, versammelte 12 Jünger um sich, die er besonders belehrte und so auch zu Predigern machte. Gemeinsam zogen sie aus um Gottes Wort zu lehren. Verraten von einem Jünger und dem jüdischen Volk wurde er durch Pontius Pilatus ans Kreuz gebracht und getötet." (CM 20/6)

Jesus-Darstellungen wie diese begrenzen sich im Unterschied zum Credo auf das irdische Leben Jesu. Auch wenn Evangelieninhalte aufgenommen werden, wird nicht eigentlich nacherzählt, sondern in summarischer Kürze auf Erzähltes verwiesen. Dennoch ist deutlich, dass diese kurzen Texte aus der Erzähltradition der Evangelien abgehoben sind. In kleinster Form und am äußersten Rand erzählender Sprache, weit unterhalb von Biografie oder Geschichtsschreibung sind es doch kurze Vitae, Stenogramme eines Menschenlebens zwischen Geburt und Tod.

Oft wird anfangs mit dem Elternpaar, manchmal auch nur mit der Mutter, die menschliche Herkunft Jesu eigens ausgewiesen (vgl. Credo). Auch wenn Jugendliche in einer solchen Kurzvita Jesus „Sohn Gottes" nennen, beschäftigt sie fast nie die Frage einer übernatürlichen oder natürlichen Zeugung. Immer wieder aber wird der weltliche Beruf Jesu hervorgehoben (Mk 6,3; Mt 13,55): Er wurde Zimmermann (wie sein Vater). Eine Reminiszenz, durch die Jugendliche nicht nur immer wieder ihr Interesse an der sozialen Herkunft Jesu anzeigen („...stammte aus dem gewöhnlichen Volk") sondern eine conditio humana, die ihn anderen Menschen, auch ihnen selbst, gleichen lässt (Phil 2,7). Gerade das einmalige „Reden und Handeln" Jesu wird dann ziemlich werkhaft ausgesprochen und er bleibt auch mit seinen „außergewöhnlichen Fähigkeiten" wieder der Mitmensch. Das ist das Gedächtnis, in dem die kurzen Vitae Jugendlicher Jesus und sein Leben als Ganzes vor allem verstehen können.

Von hier aus vor allem können ihnen einzelne Erzählungen der Evangelien Paradigmen dafür werden, was Jesus bis zu seinem Tod gewesen ist: der wahre Mitmensch. Meistens werden Krankenheilungen angesprochen. Aber es gibt auch Jugendliche, denen es genügt, von ihm sagen zu können „er hat mit den Armen geteilt und für Gerechtigkeit gesorgt".

3. Sendung

Jugendliche, die Jesus in seiner Vita darstellen, nennen ihn mit keinem Würdenamen so oft wie mit „Sohn Gottes", auch dann, wenn ihre Darstellung sich ganz im Innerweltlichen hält. Manche Jugendliche machen deutlich, dass Jesus von anderen als „Sohn Gottes" angesehen wurde. Meistens aber wird „Sohn Gottes" von Jesus gesagt wie die Bezeichnung dessen, was er einfach war oder ist. Tragen die Jugendlichen, die das tun, eine christliche Konvention gewohnheitsmäßig weiter oder verbinden sie damit ein Verständnis der Beziehung Jesu zu Gott?

Jesus hatte, wie eine Jugendliche sagt, *„seine Aufgabe, für die ihn sein Vater (Gott) geschickt hat...",* nämlich *„den Glauben an Gott und die Nächstenliebe unter den Menschen weiterverbreiten".* Wie bei ihr ist Jesus auch in Darstellungen anderer Jugendlicher immer wieder von Gott *„geschickt"* oder *„gesandt",* und wie bei ihr als der Menschenlehrer Gottes. Jesus wollte *„Gott seinen Vater an die Menschen bringen", „die Menschen zum Glauben bringen", „den Menschen das Böse austreiben, sie zu ver-*

nünftigen Menschen machen. Und dass sie an Gott glauben", *"den Leuten zeigen, dass es Gott gibt"*. Und *"er hat mit einfachen Worten von Gott geredet, dass jeder, der ihm zugehört hat, verstand und überzeugt war, dass es Gott gibt"*. Manchmal ist es Gottes *"Lehre"*, die er *"zu den Menschen"* bringen sollte. Aber direkter heißt das immer wieder *"den Glauben an Gott in den Menschen wecken"*, *"seinen Glauben an andere Menschen weiterteilen"*, *"die Menschen zum Glauben bringen"*. Das ist in den Darstellungen Jugendlicher das wichtigste Werk seiner Sendung. *"Er wurde von Gott auf die Welt gesandt, um die Menschen wieder auf den richtigen Weg zurückzuführen, nämlich den Glauben an den einzig wahren Gott."* (CR J)

Es sollte bemerkt werden, dass es immer die Gesamtheit der Menschen sind, die Jesus für den Glauben an Gott gewinnen wollte. Das Wort „Evangelium" wird von heutigen Jugendlichen so gut wie nie gebraucht. Einzelne sagen, Jesus wollte „Gottes Botschaft an alle verkünden", „die Botschaft des Vaters verbreiten". Immer ist es aber der uneingeschränkte Horizont aller, in dem die Sendung Jesu zum Ziel kommen sollte. In manchen Jesus-Darstellungen wird das eigens an Jesu Jüngerberufung veranschaulicht, z.B.: *"Nach einigen Jahren verließ er Nazareth, zog mit einem Fischerboot umher und forderte Menschen auf, alles stehen und liegen zu lassen um mit ihm umherzuziehen. Dabei predigte er sehr gut und lernte die anderen, an Gott zu glauben und dieses Wissen wiederum anderen weiterzugeben."* (CR 24/20)

Keineswegs alle Jugendlichen, die in ihren Jesus-Darstellungen den Glauben zum Schlüsselwort für die Sendung Jesu nehmen, wollen damit sagen, dass sie selbst auch glauben. Wir haben es hier nicht mit Bekenntnissen, sondern mit Darstellungen Jugendlicher zu tun. Umso wichtiger ist für uns aber, wie sie darin Jesu Verhältnis zu Gott ausdrücken. Ob es heißt, Jesus wollte „Gottes Botschaft an alle verkündigen", „die Botschaft des Vaters verbreiten", oder „Gottes Lehre zu den Menschen bringen" – was Jesus von Gott zu sagen und zu verkündigen hatte, sollte die Menschen von Gott überzeugen und ihnen helfen, an ihn zu glauben. Dass er „Sohn Gottes" heißt, ist Jugendlichen an nichts so fassbar und verständlich, wie an seiner „Botschaft" zum Glauben. An welche Paradigmen aus den Evangelien, gar Worte Jesu oder Gleichnisreden da gedacht wird, erfahren wir nur selten. Was die Jugendlichen individuell und kurz aussprechen, erinnert an die lapidaren Aussagen in den Evangelien, in denen es heißt: „Er lehrte mit Vollmacht." (Mk 1,22.27)

4. Handeln

Die Gewichte sind nicht immer gleich verteilt, aber meistens heben Jugendliche neben Jesu unverkennbarem Reden auch sein unverkennbares Handeln hervor. Auch dazu bilden sie meist kurze Summarien wie diese: *„Er vollbrachte Wunder indem er kranke, blinde Menschen heilte und Tote wieder zum Leben erweckte." „Er half den Armen, Blinden, Hungernden und Durstenden. Jesus war der Messias, der Retter in der Not." „Er war ein hilfsbereiter Mensch, setzte sich für kranke, behinderte und arme Menschen ein." „Er half den Armen, Schwachen, Kranken und Alten." „Er half Armen und Kranken und brachte sie dazu, an Gott zu glauben."* (CR J)

Alle Jugendliche, die Jesu Handeln darstellen, erinnern an die Heilungen, die in den Evangelien erzählt werden. Aber sie sind fast immer Paradigmen für die Gesamtpraxis Jesu. Auch hier gilt: Jugendliche tun das, ohne damit schon zu sagen, wie sie sich selbst jeweils zu der von ihnen gebrauchten Überlieferung stellen. Für alle aber reicht das Handeln Jesu über Heilungen hinaus. Zur Klientel des Helfers gehören nicht nur die Kranken, sondern auch die *Armen, Schwachen, Hungernden, Alten, Traurigen*. Und manche Jugendliche finden eine Darstellung, in der die Hilfe auf einen größten Nenner gebracht wird:

„Er hat Armen und Schwachen geholfen. Er hat Jünger als seine Helfer um sich geschart... Er war eine Lebenshilfe, Stütze für diejenigen, die keinen Ausweg mehr haben." (CR 24/8)

„Er hatte es am Anfang nicht leicht, bis er eines Tages Wunder vollbrachte, z.B. einen Blinden heilte. Er wollte Gutes tun, Sünden vergeben... Er versuchte Menschen zu helfen und von ihren Handikaps befreien." (CR 24/5)

„Er ging zu denen, denen es schlecht ging und half diesen Menschen weiterzuleben." (CR 24/21)

„Jesus stand auf der Seite der Armen, Schwachen, Kranken und Hoffnungslosen. Er half immer denjenigen, die ohne fremde Hilfe nicht weiterleben konnten." (CR 23/1)

Solche Passagen zeigen, wie Jugendliche in ihren Darstellungen der Praxis Jesu ihr eigenes Verständnis von umfassender Hilfe gebrauchen. Dazu gehört auch der zeitliche Sinn dieser Hilfe. Sie ermöglicht einem Menschen *weiterzuleben*. In das Verständnis des Helfers geht das Verständnis der menschlichen Lage ein, in der Jugendliche sich selbst auch befinden, sofern es ihnen darum geht, ob ihr Leben eine Zukunft hat. Wenn ein Jugendlicher dieses Interesse mitsprechen lässt, dann kann seine Darstellung sogar aus einem einzigen Satz bestehen: *„Jesus war ein sterblicher Mensch, der den Menschen Hoffnung gab."* (CR 22/19)

Dass zur Klientel Jesu die *Sünder* gehörten, wird nur von wenigen Jugendlichen ausdrücklich gesagt. *„Er wollte auch die Sünden vergeben, nicht bestrafen. Er nahm deshalb alle Sünden auf sich und starb für uns." „Er nahm Ärger und Verachtung inkauf, wenn er sich auf die Seite der Ausgestoßenen und Gesetzesübertreter stellte, wie z.B. bei der Ehebrecherin, die gesteinigt werden sollte."* (CR J).

In einer Gruppe, in der sich 24 Jugendliche zur Person Jesu geäußert haben, hoben drei an ihm auch hervor *„die Kunst zu verzeihen, die er ohne jegliche Unterschiede ausgeübt hat"*, *„seine Art, wie er jedem die Sünden vergibt"*, *„dass er auch Sünder aufnahm"*. (KHT) Dass Jesus aber auch mit der Sündenvergebung Menschen Zukunft eröffnet hat, sagt eine Jugendliche mit diesen Worten: *„Er hat den Leuten Chancen gegeben, da er ihnen Sünden vergeben und ein neues Leben geschenkt hat."* (CR 22/12)

Jesus darzustellen heißt für Jugendliche vor allem, ihn ins Licht seines eigenen Handelns zu stellen. Und darin ist er, wie in Rembrandts Hundertguldenblatt, der Helfer aller, die sich selbst nicht mehr helfen konnten. Die unübersehbare Versammlung dieser Menschen ist auch für die Jugendlichen Jesu eindeutigste Ortsbestimmung in der Welt. Er war der, der nach Mt 11,28 sagen konnte: Kommt her zu mir alle, die ihr mühselig und beladen seid, ich will euch aufatmen lassen!

Setzen Jugendliche Jesu „Lehre" zum Glauben an Gott und sein Handeln zueinander ins Verhältnis? Sie benennen beides in ihren Darstellungen jedenfalls oft miteinander. Bei einigen aber ist sein einmaliges Handeln an Menschen zugleich sein überzeugender Hinweis für die Menschen auf Gott.

„Er wollte Gottes Wort verkündigen und Gottes Werkzeug sein. Er hat das getan, was Gott ihm sagte. Er wollte das Werk vollbringen und das Handeln tun, welches Gott uns schenken wollte."
(CR 26/5,1)

„Er verkündete Gottes Segen auf Erden. Er wollte die Menschen von Gottes Kraft überzeugen. Er wollte den Menschen in schweren Stunden beistehen." (CR 22/20)

„Ein Mensch, der armen und kranken Menschen helfen wollte. Er wollte vielen Menschen von Gott erzählen. Sie zum Glauben bringen. Er zeigte auch die Kraft und die Liebe von Gott indem er Wunder tat." (CR 22/16)

Das sind drei Beispiele dafür, wie Jugendliche Verkündigung und helfendes Handeln Jesu als Einheit darzustellen versucht haben. Auch Jesu Handeln war dem gewidmet, dass Menschen an Gott glauben können. Und manchmal stellen Jugendliche auch Jesus selbst als Glaubenden dar: *„Er verlor nie seinen Glauben an seine Bestimmung"*, *„war voll überzeugt, dass es einen Gott gibt"*, *„war ein Mann, der Vertrauen in einem weckte und wirkliche Wunder vollbrachte nur aus dem Glauben heraus"*, *„er wollte seinen Glauben an andere Menschen weiterteilen"*. (CR)

5. Gestorben

„Doch eben dieser Glaube an Gott kostete ihn letztendlich sein irdisches Leben. Er wurde beschimpft, geschlagen, gequält und gekreuzigt, bevor er später von den Toten auferstand." (CR 24/27)
So schließt ein Jugendlicher seine Darstellung der Vita Jesu ab. In jeder dritten Darstellung wird der Tod Jesu eigens ange-

sprochen. Nur selten als Folge seines Wirkens oder seines Glaubens wie im wiedergegebenen Beispiel, öfter einfach benannt als das bekannte Ereignis seiner Vita zusammen mit Umständen aus der Passionserzählung. *„Verraten von einem Jünger und dem jüdischen Volk wurde er durch Pontius Pilatus ans Kreuz gebracht und getötet."* (CR 20/6) *„Er wurde gekreuzigt, weil Pontius Pilatus ihn hasste und Petrus ihn dreimal verraten hat."* (CR 26/11) *„Dennoch waren einige nicht auf seiner Seite bis er eines Tages verraten wurde. Das Volk wurde noch vor die Wahl gestellt, ob ein Verbrecher oder Jesus frei gesprochen werden soll. Das Volk entschied sich gegen Jesus."* (CR 26/5) Immer wieder werden aus der Passionserzählung die Motive des Verrats erwähnt und aus dem Credo „Pontius Pilatus". Dem Credo folgend erinnern manche Jugendliche auch Jesu Auferstehung: *„Er starb am Kreuz und ist am dritten Tage wieder auferstanden, in den Himmel zu Gott." „Er wurde gekreuzigt und begraben und ist am dritten Tage auferstanden. Er war Gottes Sohn." „Er wurde von Augustus verfolgt und gekreuzigt. Am dritten Tag wurde er auferstanden."* (CR J)

Ein großer Teil der Jugendlichen, die von Jesu Tod sprechen, stellen ihn nun aber auch als Jesu Tat dar. *„Er ist für uns gestorben, lebt aber trotzdem durch seine Auferstehung weiter." „Er opferte sich am Kreuz für uns". „Er wollte uns Menschen den Weg zu Gott frei machen indem er am Kreuz für uns starb." „Er kam auf die Erde um für die Sünden der Menschen am Kreuz zu sterben und später wieder aufzuerstehen." „Er ist der Gesandte Gottes, der die Menschen von allem Bösen erlösen soll. Jesus ist für unsere Sünden am Kreuz gestorben, er hat sich für uns geopfert." „Er ist für die Sünden der Menschen gestorben und hat für sie gelitten." „Jesus wurde gekreuzigt. Er nahm alle Sünden auf sich und starb somit für alle."* (CR J)

Wie individuell solche Erinnerungen des Todes Jesu auch sein mögen, wie verschieden die mitgesagten Interpretamente, es sind alles Varianten des *Für-uns*, also des im Wort vom Kreuz verfassten Hauptsatzes des Evangeliums seit Paulus. Es ist auch hier festzuhalten: Jugendliche, die Jesu Sterben in diesem Für-uns und Für-alle aussprechen, bekennen damit nicht auch schon ihren persönlichen Glauben. Es kann auch von jemand gesagt werden, der wie die Jugendliche im folgenden Beispiel sehr unsicher und distanziert redet:

„Ich muss nun wirklich zugeben, dass ich nicht einmal den Unterschied zwischen Gott und Jesus kenne. Vielleicht gibt es auch keinen. Ich weiß lediglich, dass er für uns ans Kreuz gegangen ist um die Sünden zu vergeben. Auch zu seiner Auferstehung habe ich im Laufe der Jahre im Religionsunterricht ein paar Dinge mitbekommen. Zum Teil auch unbedeutende. Er war angeblich ein guter Mann, der sich für die Menschheit eingesetzt hat." (CR 21/1)

Wir lesen aber auch Texte wie den folgenden, in dem Jesus seine Vita in Passion und Tod vollendet:

„Aber das größte Werk, das er vollbracht hat, ist, dass er sich für uns alle und all unsere Sünden, die wir gemacht hatten, geopfert hat und am Kreuz gestorben ist. Vorher jedoch hat er unsere Sünden im Zeichen des Kreuzes, das er auf den Schultern trug, mit sich genommen und ließ sich von ihnen erdrücken. Dennoch schwieg er unter Schmerzen, dachte nur daran, dass uns die Sünden vergeben würden und starb für uns." (CR 26/5)

Dass Jugendliche an dieser Stelle die Normalperspektive der Darstellung durch das *Für uns* verändern, fällt besonders auf. Fallen sie, ohne es zu merken, in Bekenntnissprache? Sprechen sie eine fest geprägte Formel nach? Jedenfalls haben sie den Wortlaut christlicher Tradition aufgenommen. Wir können nicht wissen, wo sich das *Für uns gestorben* den Einzelnen eingeprägt hat und wo sie es etwa im Unterricht, in Liturgie oder in Ansprachen gehört haben. Aber wir können doch fragen, wo ihnen dieser unverwechselbare Wortlaut innerhalb der Haupttexte ihrer Unterweisung begegnen konnte. Das Credo spricht ihn nicht aus und wörtlich auch nicht Luthers Erklärung zum zweiten Artikel. In den Evangelien, aus denen sie fast alles haben, was sie von Jesus sagen, ist es *eine* Erzählung, die auf das *Für uns gestorben* hinführt, das letzte Mahl Jesu. In ihr ist die erzählte Handlung mit Jesu Wort „*...für euch gegeben...*" unvergesslich verbunden. Den meisten Jugendlichen ist das letzte Mahl Jesu aber als Anfang der Passionsgeschichte erzählt worden. Auch in ganz freien Äußerungen zu Jesus wird von Jugendlichen immer wieder seine Passion als einmalige Tat hervorgehoben. Und auch zu solchen Würdigungen gehört immer wieder das *Für uns* und das *Für alle*: *"Dass Jesus für alle Menschen gestorben ist und zwar nicht nur für die Gläubigen, sondern für alle."* (KHT 5) *"Seine Art, Einstellung und Verhalten – seine Opferbereitschaft für andere Menschen – seine Bereitschaft zu leiden."* (KHT 9) *"Dass er sich für uns ans Kreuz schlagen lassen hat."* (KHT 19) *"Dass er sein Leben für uns Menschen geopfert hat."* (KHT 23) *"Dass er für unsere Sünden am Kreuz gestorben ist. Damit hat er uns praktisch gerettet."* (KHT 1).

Das *Für unsere Sünden – Für uns – Für alle – Für uns Menschen* ist auch für die Jugendlichen der Ausdruck einer Horizontverschmelzung zwischen Jesu Geschichte und unserer Geschichte. Sie ist gewollt und verstanden. Diese Jugendlichen bekunden, dass sie selbst zu einer Menschheit gehören, die schuldig geworden ist und immer noch schuldig wird und *uns* Menschen die Selbsthingabe gilt, die Jesu letzte Tat war. Dass Jesus *für uns Menschen* gestorben ist, ist auch aus ihrem Mund nicht nur als erinnerter Wortlaut zu hören, sondern, wenn schon nicht als Glaubensbekenntnis, so doch als Urteil unseres Gewissens, das diese Tat der Menschenliebe verlangt.

6. Auferstanden

Das Ereignis des Todes am Kreuz schließt in den meisten Darstellungen Jugendlicher die Vita Jesu ab. Oft nicht nur als Datum seines Weges, sondern, wie wir gesehen haben, auch als Jesu letzte und größte Tat für die Menschen, ja *für uns* verstanden.

Müssen wir annehmen, dass den allermeisten Jugendlichen mit den Passionserzählungen auch die Ostererzählungen vermittelt wurden und mit dem Credo auch das „... am dritten Tage auferstanden von den Toten...", dann fällt auf, wie wenige es sind, die darauf eingehen. Einzelne, die zum Teil in sehr kurzen Summarien von Jesus sprechen, nennen manchmal auch Jesu Auferstehung wie in folgenden Beispielen:

"Gottes Sohn. Er kam auf die Erde um für die Sünden der Menschen am Kreuz zu sterben und später wieder aufzuerstehen."
(CR 22/13)

„Er war der Sohn von Josef und Maria und wurde in einem Stall in Bethlehem geboren. Er wurde von den Juden als Messias gefeiert. Er wurde gekreuzigt und begraben und ist am dritten Tage auferstanden. Er war Gottes Sohn." (CR 20/7)

„Jesus war der Sohn der Jungfrau Maria. Er wurde in Bethlehem in einem Stall geboren. Er starb am Kreuz und ist am dritten Tage wieder auferstanden, in den Himmel zu Gott." (CR 20/6)

„Er hat ziemlich viel für die Menschen getan. Er ist für die Sünden der Menschen gestorben. Obwohl er fehlerfrei war, wurde er trotzdem gekreuzigt. Er ist auferstanden und aufgefahren in den Himmel. Er ist Gottes Sohn. Es gab damals ziemlich viele Zeugen, die alles erzählt haben..." (BB/A12)

„... Am Karfreitag wurde er gekreuzigt und am Sonntag darauf ist er auferstanden." (CR 24/17)

„Jesus war der Sohn Gottes. Jesus wollte Leuten zeigen, dass es einen Gott gibt. Er hat mit einfachen Worten von Gott geredet, dass jeder der ihm zugehört hat verstanden und völlüberzeugt war, dass es einen Gott gibt. Er ist gekreuzigt und begraben. Am dritten Tage auferstanden. Jeder der nicht glaubte konnte ihn anfassen. Er hat den Glauben an Gott in den Menschen verstärkt." (CR 22/11)

Die wenigen Jugendlichen, die in ihren Darstellungen Jesu das *Auferstanden* aufnehmen, folgen manchmal deutlich dem Credo: *„am dritten Tage auferstanden..."*. Die Ostererzählung wird selten erinnert (in unseren Beispielen Joh 20,24ff, die Thomasgeschichte). Das wichtigste, was sie sprachlich ihrer Tradition entnehmen, ist aber das Wort *Auferstehen* selbst. Wenn Jugendliche dieses Wort überhaupt gebrauchen, dann nur im Kontext der Rede von Jesus. Auch wenn Jugendliche sich sonst zu so etwas wie Leben nach dem Tod äußern, ihre Gedanken oder Erwartungen dazu mitteilen, gebrauchen sie *dieses* Wort grundsätzlich nie. Es bezeichnet exklusiv des singuläre Ereignis, das von Jesus berichtet und überliefert wird.

Was trägt Auferstehung bei den Jugendlichen, die sie in ihre Darstellungen aufnehmen, zum Verständnis der Person Jesu und seiner Geschichte aus? Die meisten derer, die überhaupt davon sprechen, geben uns darauf keinen Hinweis. Zu sagen, dass Jesus auferstanden ist, rückt Jesus und seine Geschichte für die Jugendlichen nicht schon in ein neues Licht, lässt ihn nicht auch schon erkennbarer, deutlicher oder wichtiger werden, als er durch sein Reden und Handeln und durch sein Sterben schon ist. Im Zusammenhang dessen, was von Jesus gesagt wird, muten die wenigen Mitteilungen seiner Auferstehung manchmal wie Anhängsel an. Ein Ereignis, das Jesus den Menschen, denen er im Reden und Handeln *zugewandt* war, eher *entzieht* und ihn der Welt, in die er gekommen ist, *entrückt*.

Zu sagen, dass Jesus auferstanden ist, schließt nicht aus, dass anschließend bekundet wird, er bedeutet *„nichts mehr"* oder *„Für mich gibt es ihn nicht mehr, auch wenn er auferstanden ist. Gott allein ist wichtig."* (CR 23/2). Und auch die vielen Zeugen, *„die alles erzählt haben"*, hindern nicht, anschließend zu sagen: *„Heutzutage hat fast jeder Mensch einen anderen Glauben. Ich weiß nicht, ob ich an Gott glauben soll oder nicht, weil ich Gott noch nie gesehen habe."* (BB/A 12)

Nur einzelne Jugendliche teilen mit, wie das Osterereignis zu *verstehen* ist. Dazu drei Beispiele:

„Er wollte die Menschen an Gott erinnern, wollte kranken und alten Menschen Mut machen. Er wollte, dass sich die Menschen untereinander verstehen. Er nahm sich auch der Kinder an. Durch seine Auferstehung wollte er den Menschen die Angst vor dem Tod nehmen. Er wollte ein Leben nach dem Tod beweisen." (CR 24/16)

„Jesus Christus, Gottes Sohn ist für unser aller Sünden am Kreuz gestorben. Er hat der Tod durch die Auferstehung überwunden. Durch ihn können wir das ewige Leben bekommen. Wir müssen Jesus in unser Herz aufnehmen, an ihn glauben und nach seinen Geboten leben!" (BB/B 10)

„Jesus war Gottes Sohn und ist es heute immer noch, und Sohn von Maria. Er wollte Frieden auf der Erde, glückliche und gesunde Menschen. Er machte kranke Menschen wieder gesund. Er ist für uns gestorben. Lebt aber trotzdem durch seine Auferstehung weiter... Er ist unser Beschützer in der Not. Er vergibt unsere Sünden, die wir begehen oder begangen haben... Wir beten zu ihm wenn wir einsam sind oder sonstige Probleme haben." (CR 20/4)

Die ersten beiden Beispiele verstehen, mit seiner Auferstehung ist Jesus dem Tod entgegengetreten, der allen droht. Sie ist nicht nur ein Geschehen *an* Jesus, sondern auch noch sein *Werk,* wodurch er den Menschen die Angst vor dem Tod nehmen, wodurch er uns Aussicht auf das *ewige Leben* erwirkt hat. Für beide steht das unter dem Vorbehalt, dass wir *glauben*. Die Verfasserin des zweiten Beispiels hat das deutlich gesagt. Die des ersten Beispiels lässt es indirekt deutlich werden, wenn sie anschließend mitteilt: *"In der heutigen Zeit kommt uns das Leben von Jesus wie ein Märchen oder eine Geschichte vor. Man fragt sich auch, warum nicht ein zweiter Jesus erscheint und z.B. Aidskranke heilt."* Angesichts gegenwärtiger Todesbedrohung fallen ihr nur die Erzählungen ein, in denen Jesus Menschen geheilt hat. Was sie vom Sterben und von der Auferstehung Jesu weiß und ausgesprochen hat, erhebt sie nicht über die hospitalisierende Frage nach einem „zweiten Jesus".

Im dritten Beispiel besagt Auferstehung: Jesus, der für uns gestorben ist, lebt trotzdem weiter. Sie ist der Eingang Jesu in das Dasein, in dem er *gegenwärtig* unser Beschützer ist, uns vergibt und unsere Gebete hört. Es gibt nur ganz selten Äußerungen Jugendlicher, in denen Jesu Präsenz für uns so explizit mit seiner Auferstehung zusammengesprochen ist. Aber, wie wir noch sehen werden, für viele ist Jesus als Person gegenwärtig oder es wird von ihm erwartet, dass er als Person handelnd, helfend und hörend gegenwärtig *sei,* wie Mt 28,20 zugesagt ist. Haben auch *diese* Jugendliche aus Erzählung und Credo von der Auferstehung Jesu *stillschweigend* die Vorstellung seiner überirdischen Präsenz für uns aufgenommen, manche von ihnen in ihr eigenes Credo? Wir können das hier nur *fragen*. Wir haben hier freilich auch gesehen, dass mit „Auferstehung" auch nur ein singuläres Datum benannt werden konnte, das endgültig sagt: „Er ist nicht hier." (Mt 28,6)

7. Die bessere Welt

Auch Jugendliche verstehen in ihren Darstellungen Jesu die Intention mit, von der seine Praxis bestimmt war; das, wofür er sich *eingesetzt* hat, wie es immer wieder heißt. Besonders die Frage *Was wollte Jesus?* gab Jugendlichen Anlass, davon deutlich zu sprechen. Doch es bedarf dieser Frage nicht unbedingt. Was Jesus wollte und worauf er hingewirkt hat, ist ein Thema, das sie auch ganz von selbst aufgreifen können. So sagt eine muslimische Jugendliche:

„Er war immer ein guter Mensch und hat nie etwas Schlechtes getan. Er hat nie gelogen und getötet. Er hat versucht, zwischen Menschen Brüderlichkeit zu bringen. Wenn wir alles getan hätten, was er sagte, gäbe es jetzt keine Kriege und Hass mehr. Alle Propheten sind wichtig. Man soll tun was die uns sagen. Weil dann wird es keine Sünde geben und auch keine armen und reichen Menschen."
(BB/A2)

Diese Jugendliche, für die Jesus nach ihrer Religion Prophet war, bekundet ein Verständnis seines Wirkens, das von einem großen Teil christlicher Jugendlicher ebenfalls vertreten wird: *„Er hat versucht, zwischen Menschen Brüderlichkeit zu bringen."* Und auch ihre Confessio wird von den meisten Jugendlichen geteilt: *„Wenn wir alles getan hätten, was er sagte, gäbe es jetzt keine Kriege und Hass mehr."* Wir finden unter den Jugendlichen keine Übereinstimmung über Jesus, die so groß ist wie das Verständnis von dem, wofür er sich eingesetzt hat. Es ist nicht weniger als eine *bessere Welt*: *„Er wollte die Welt verbessern"*, *„er kämpfte mit Worten und guten Taten für eine bessere Welt und verlor dabei nie den Glauben an seine Bestimmung"*, *„er wollte den Menschen durch seine Wunder helfen und ihnen eine Weg, durch seine Lebensweise und Güte, zu einer besseren und friedlicheren Welt zeigen"*. (CR J) Wenn Jugendliche hier *Welt* sagen, dann meinen sie damit immer das, was alle Menschen miteinander verbindet und unter ihnen *herrscht*. Welt ist ein geschichtlich verstandener Begriff.

So kennzeichnen die Jugendlichen dann auch die *bessere Welt*, die Jesus bringen wollte, vor allem durch den *Frieden*, der in ihr unter den Menschen herrschen sollte: *„Er wollte Frieden auf der Erde schaffen"*, *„Frieden zwischen den Völkern"*, *„Frieden stiften"*, *„Frieden in der Welt verbreiten"*, *„er wollte einfach, dass alle Menschen auf dieser schrecklichen Welt in Frieden, glücklich und in Freundschaft zusammenleben."* (CR J)

Aber fast eben so oft steht über der besseren Welt *Gerechtigkeit*, manchmal mit *Frieden* zusammengesprochen:

Jesus wollte „*die Menschheit belehren und Gerechtigkeit. Dass alte und arme Menschen genauso viel wert sind wie reiche Menschen. Und dass die Menschen teilen und zusammenhalten sollen… Er wollte Frieden und Gerechtigkeit und dass alle Menschen gleich behandelt werden, und das möchte ich eigentlich auch. Rasse und Aussehen waren für ihn zweitrangig.*" (CR 22/18)

„*Er verkündete Gott, als Vater aller Menschen. Brachte die Botschaft, dass es nur eine Herrschaft auf der Welt gibt. Er predigte, dass man an Gott glauben sollte. Wollte die Ungerechtigkeit aus der Welt schaffen. Die Menschen nicht nach ihrer Rasse, Farbe oder Herkunft trennen, sondern alle miteinander als Gesellschaft/Gemeinde zusammen leben.*" (CR 26/2)

„*Er wollte den Menschen Gott näher bringen, sein Wirken zeigen. Somit den christlichen Glauben verbreiten und den Menschen zu einem besseren Miteinander, Sich gegenseitig Helfen und Akzeptieren verhelfen.*" (CR 26/12)

„*Jesus wollte Gottes Botschaft an alle verkünden, er wollte Frieden und Gleichberechtigung, er wollte Liebe.*" (CR 24/14)

„*Jesus wollte Gottes Wort auf der Erde predigen. Er wollte dass die Menschen in Frieden zusammenleben und gemeinsam seinen Vater Gott anbeten.*" (CR 20/6)

Diese Welt, die Jesus wollte, steht für alle Jugendlichen auf dem dunklen Hintergrund der Welt, in die er gekommen ist und die sie selbst als ihre Gegenwart erfahren. Die „schreckliche Welt", in der Krieg, Hass, Unrecht und Diskriminierung herrschen. Die Welt des Friedens und der Gerechtigkeit ist dazu Gegenwelt. Die kommende? Niemand von den Jugendlichen sagt, dass sie einmal zur Gegenwart werden wird, und schon gar nicht, sie sei nahe herbeigekommen. Es sieht für die Jugendlichen eher so aus, als hätte Jesus den Menschen die bessere Welt, die Gott selbst will, als Auftrag hinterlassen. Als wäre das Äußerste, was er tun konnte, das gewesen, den Menschen den *Weg* zu zeigen. „*Er wollte die Menschen auf den richtigen Weg bringen*", „*auf den richtigen Weg führen*", „*auf den richtigen Weg Gottes führen.*" (CR J) Und wenn Jugendliche das sagen, dann wissen sie, es war der Weg, den Jesus selbst gegangen ist. Er hat die Friedfertigkeit und die Gerechtigkeit der besseren Welt nicht nur gelehrt, sondern in seinem Mitsein wahr gemacht. Das biblische Wort „Nachfolge" wird von Jugendlichen kaum einmal gebraucht. Aber sie drücken doch fast immer deutlich aus, dass Jesus die Menschen dazu bewegen wollte, seiner Botschaft zu folgen und sich seinem Verhalten anzuschließen. *„Er versuchte, alle Menschen gleich zu behandeln und ihnen beizubringen, genauso zu handeln."* (CR 26/17) *„Er hat gezeigt, dass man sich für andere einsetzen soll."* (CR 26/20) *„Er wollte den Leuten die Liebe zeigen wie man zu seinen Mitmenschen sein müsse."* (CR 22/12)

Die meisten Jugendlichen trauen sich zu, sehr eigenständig darzustellen, was Jesus wollte, und sie formulieren dabei immer wieder die Charta einer besseren Welt, zu der auch Grundsätze gehören, die aus den Menschenrechtserklärungen der Neuzeit stammen. So zum Beispiel der Gleichheitsgrundsatz. Die meisten übergehen allerdings auch nicht, dass Jesus den Weg zur besseren Welt zeigte, indem er *Glauben an Gott* verkündete. *„Er wollte die Menschen im Glauben belehren, ihnen Hoffnung geben und Frieden stiften."* (CR 20/6) *„Er wollte auf den richtigen Weg Gottes führen. Dass es Gott war, der die Welt und die Menschen erschaffen hat."* (CR 22/8) Nie bezeichnen Jugendliche die bessere Welt als „Reich Gottes", nie die Botschaft Jesu als Verkündigung der Gottesherrschaft. Jesus zeigte den Menschen mit seiner Botschaft aber Gott den Vater, für den alle gleich wert sind. Das zu glauben wäre für diese Jugendliche eine Zugangsbedingung der Menschheit zur Welt des Friedens und der Gerechtigkeit, der Glaube an ihre Brüderlichkeit.

Gegenwart – Voten zu Jesus

1. Voten

Jugendliche, von denen wir Jesus-Darstellungen erhalten haben, gebrauchten dazu die Tradition, die den meisten

Jugendlichen im uns bekannten Umkreis mehr oder weniger ausführlich und anschaulich auch vermittelt worden ist: Der erzählte Jesus. Eine hauptsächlich mündliche Paradosis von Geschichten aus den Evangelien. Ihre Darstellungen sind deshalb meist kurze Abrisse einer Geschichte Jesu, seiner Vita, in deren Duktus die Jugendlichen ziemlich selbständig aufgenommen haben, was ihnen an Jesus wichtig erschien, was sie als das Besondere, Einmalige seiner Vita verstanden haben. Die Darstellungen sind also auch schon Verarbeitung und Deutung der vermittelten Erzähltradition. Dass Jugendliche so etwas explizit und schriftlich versuchen, gehört nicht zu ihren gewohnten Tätigkeiten. Sie taten es ausnahmsweise, sich auf Schreibvorgaben einlassend wie z.B. die Frage „Wer war Jesus?". Sie nahmen aus dem, was sie selbst von Jesus gehört hatten, das auf, worin er ihnen unverkennbar geworden ist, und sie teilen immer wieder auch mit, wie sie ihn selbst verstehen: Seine Motive, seine Intentionen, den Auftrag, dem er folgte und das Ziel seines Weges.

Eine größere Anzahl der Jugendlichen, die Jesus-Darstellungen schrieben, haben in ihren Texten noch eine zweite Frage aufgenommen: „Was bedeutet Jesus für uns?" Aus diesen Texten haben wir erfahren: Auch verständnisvolle Darstellungen der Vita Jesu lassen noch nicht voraussehen, in welches Verhältnis die einzelnen Jugendlichen sich selbst oder uns selbst zu Jesus setzen. Es gibt zwar Darstellungen von Jesus, die dafür Hinweise enthalten, Vorbehalte wie „nach der Bibel" oder „angeblich", und wenige einzelne Darstellungen spiegeln insgesamt Ablehnung der Person Jesu. Wichtig ist für uns aber vor allem die Erkenntnis, dass Jugendliche auch in anerkennend-verständnisvollen Darstellungen der Vita Jesu gegenüber den Schritt zurück machen, durch den ihnen ihr eigenes Urteil vorbehalten wird. Sie treten der Paradosis, die sie aufgenommen und nach bestem Wissen und Gewissen dargestellt haben, gegenüber.

Auch die Geschichte von Jesus, der für alle da gewesen ist, der alle für den Glauben an Gott und die Liebe zum Nächsten gewinnen wollte, kommt in unserer Gegenwart erst an, wenn *wir* uns zu Herzen nehmen, was in ihr erzählt wird. Ob wir beherzigen können oder überhaupt beherzigen wollen, was uns da hinterlassen wurde, darum geht es in den kurzen Texten, in denen sich Jugendliche *zu* Jesus äußern. Im Unterschied zu den Darstellungen nennen wir sie *Voten*. Ihre Sprecherinnen und Sprecher antworten auf die Frage, was Jesus uns selbst oder ihnen selbst bedeutet.

Es gab eine Zeit in der christlichen Katechese, in der das ganze Gewicht dessen, was von Jesus Christus zu sagen war, darauf lag, diese seine Bedeutung für uns zu lehren. Dass er der „Seligmacher" genannt wird, „darum dass er uns selig macht von unseren Sünden, und dass bei keinem anderen einige Seligkeit zu suchen noch zu finden ist" (Heidelberger Katechismus, 29. Frage). Dass er „sei mein Herr, der mich verlorenen und verdammten Menschen erlöst hat... auf dass ich sein eigen sei...". (Martin Luther, Enchiridion zum zweiten Artikel). Die Lehrer der Reformationszeit wollten mit solchen Erklärungen bei ihren Adressaten nicht das Votum des Herzens überspielen, in dem jede und jeder das eigene Ja zu sagen hatte. Sie haben aber den Wortlaut eines gemeinsamen Votums vorgesprochen, in den alle einstimmen können, die an Jesus Christus glauben.

Dass heutige Jugendliche nicht dem gemeinsamen Wortlaut der ihnen bei uns doch meistens noch mitgeteilten Erklärungen zum zweiten Artikel folgen, auch nicht diejenigen, die sich in ihren Voten ausdrücklich *zu* Jesus bekennen wollen, hängt nicht nur damit zusammen, dass ihnen die Sprache des Katechismus fremd geworden ist. Auch mit dem Wort „Traditionsabbruch" ist zu wenig verständlich gemacht. Die Voten Jugendlicher zu Jesus setzen vielmehr eine Tradition *voraus*, zu der sie sich *stellen*. Und diese Tradition bestimmt auch ihre Voten. Sie haben es dabei im Unterschied zur Traditionsvermittlung in der Reformationszeit mit einer *Erzählung* zu tun, die, wenn sie ihr überhaupt gefolgt sind, bei ihnen selbst auf Rezeption ihres Anspruchs *angewiesen* ist.[2]

---

2 „Was ein Leser rezipiert, ist nicht nur der Sinn des Werkes, sondern durch seinen Sinn hindurch seine Referenz, also die Erfahrung, die es zur Sprache bringt...", sagt P. Ricoeur zur Erzählung. Und seine These ist, „dass das, was in einem Text interpretiert wird, der Vorschlag einer Welt ist, in der ich wohnen und meine eigensten Möglichkeiten erwarten könnte". Ricoeur, P. (1988): Zeit und Erzählung I. München, 127.

Obwohl Jugendliche für diesen Anspruch *keinen* Begriff haben, auch das Wort „Evangelium" so gut wie nie gebrauchen, haben die meisten von ihnen die Geschichte Jesu doch als eine Mitteilung verstanden, die uns zumutet, *auf* sie zu hören und das, was sich in ihr zugetragen hat, zu Herzen zu nehmen. Wenn Jugendliche nun entdecken, dass das bei jeder und jedem ein eigenes Urteil intendiert, dann entspricht das unter veränderten Bedingungen doch auch dem, was schon reformatorische Katechismen ihren Adressaten *vorbehalten* haben. Nur unterstreichen heutige Jugendliche diesen Vorbehalt selbst besonders dadurch, dass sie sich fast grundsätzlich von allem Vorgesprochenen abzusetzen versuchen, auch die, deren Voten dem Inhalt nach kirchlichen Lehrtexten sehr nahe stehen. Sie wollen, was immer sie sagen können und sagen wollen, mit *eigener Stimme* sprechen. Individualisierung im Interesse eigener Rede ist hier zu verstehen. Der Gewinn kann in schöpferischen Neuformulierungen sichtbar werden, der Preis freilich in der oft deutlich bekundeten Vereinzelung, der sie sich überantwortet sehen.

Doch obwohl Jugendliche sich bewusst individuell zu Jesus äußern, gibt es Positionen und Perspektiven, die sie mit anderen teilen. Schon an den Äußerungen aus fünf Klassen von 1987 ist uns aufgefallen, manche Jugendliche sprechen aus einer *ethischen* Perspektive, z.B.: *„Jesus ist für mich einer der wenigen Philosophen, die ihre Philosophie an sich selbst erprobt haben. Er ist für mich die Verkörperung der Humanität und allumfassenden Liebe."* (ST HO) Andere sprechen *kritisch distanziert*, z.B.: *„Für mich ist Jesus eine Roman-Figur, deren Taten durch (ungewollte) Hinzudichtungen größer gemacht wurden als sie tatsächlich waren. Allerdings war Jesus ein außergewöhnlicher Mensch, der sonst nicht so viel Bedeutung und Bewunderung gefunden hätte."* (ST HO) Andere sehen Jesus unter *religiöser* Perspektive, z.B.: *„Jesus ist ein Leitbild für viele. Er ist Teil unserer Religion wie Gott... Heute ist nicht die Person an sich für den Einzelnen wichtig, sondern die ganze Religion."* (ST HO) Oder: *„Sein Glaube ist für mich insofern von Bedeutung, als er eine Quelle darstellt, aus der der Mensch Energie, Kraft schöpft. ... Für mich spielt es auch keine Rolle, ob er wirklich gelebt hat oder nicht, für mich wichtig ist das Bild von ihm, die Gesinnung und nicht die Entstehung."* (ST HO)

Und andere Jugendliche sprechen *Bekenntnisse*, z.B.: „*Ich glaube, dass Jesus Gottes Sohn war und sich für die Menschen geopfert hat. Durch ihn ist es möglich, dass Sünden vergeben werden können. Er hat zwar gefühlt wie ein Mensch, ist aber trotz zahlreicher Versuchungen ohne Sünde über die Erde gegangen. In meinem Leben bedeutet Jesus viel. Er kann Hilfe geben, Trost sein...*" (ST HO)

Wir entnehmen diesen Äußerungen von 1987 keine Typologie für die Äußerungen Jugendlicher zu Jesus, die in den letzten Jahren verfasst wurden. Sie sollen uns nur darauf vorbereiten, wie unterschiedlich, aber auch ähnlich, Standorte und Perspektiven Jugendlicher sind, aus denen sie ihre Voten zu Jesus sprechen. Jedes ihrer Voten ist immer auch ein Versuch, Jesus selbst in ein Verhältnis zu unserer Gegenwart zu setzen und unsere Gegenwart zu ihm und seiner Geschichte.

2. Die heutige Zeit

Das geschieht thematisch ausdrücklich in Voten, in denen Jugendliche bekunden, wie sich die heutige Zeit Jesus gegenüber entfremdet hat, zunehmend weiter entfremdet und warum seine Bedeutung „in der heutigen Zeit" geschwunden ist. Sie sprechen dabei nicht nur von sich selbst, schließen sich aber meistens selbst mit ein.

„*Ich bezweifle, dass die heutige Jugend (in Deutschland) viel über Jesus und dessen Bedeutung nachdenkt. Es geht uns einfach zu gut... Wir denken über andere Dinge nach. Unsere Lebensinhalte haben sich von Gott und Jesus abgewendet...*" (CR 23/1)

„*Im Zeitalter der modernen Technik interessieren sich die Jugendlichen nicht mehr für so etwas. Klar, bei starken Problemen betet man schon manchmal. Man hat dann das Gefühl, dass man jemanden hat, der einem zuhört und hilft...*" (CR 25/19)

„*Ich bin der Meinung, dass Jesus in der heutigen Zeit mehr und mehr vergessen wird. Natürlich weiß fast jeder über ihn Bescheid und hört und liest die Geschichten über ihn in der Schule oder in der Kirche, aber im Alltag ist er fast verschwunden. Viele von den Jüngeren wissen gar nicht, wer er ist.*" (CR 26/4)

„Ich kann nicht für alle sprechen. Aber ich jedenfalls denke, dass Jesus eigentlich heute nicht mehr so eine große Rolle spielt wie früher…" (CR 26/5) *„In der heutigen hektischen Zeit hat die Bedeutung von Jesus und seinem Leben stark abgenommen, da unsere Wohlstandsgesellschaft keine Zeit mehr hat bzw. keine Zeit mehr nimmt, sich mit Jesus zu beschäftigen."* (CR 23/13)

Immer wieder versuchen Jugendliche, die Entfremdung der „heutigen Zeit" gegenüber Jesus auch zu erklären. So wird gesagt, dass Jesus für die *Älteren* noch mehr bedeutet, *„weil die Jüngeren gar nicht mehr so mit dem Mythos Jesus oder Gott erzogen werden"*, oder auch *„weil ältere Menschen oft einsam sind und jemand brauchen, an den sie sich wenden können. Sie können ohne Angst sterben"*, oder dass Jesus *„den älteren Leuten einfach Halt und Hoffnung"* gibt. Manchmal wird daraus dann auch ein Schluss für sich selbst gezogen wie der folgende: *„Ich denke ab einem bestimmten Alter wird es besser mit dem Glauben an Jesus. Man hat mehr Zeit und kann es sich einfach besser vorstellen wie in den jungen Tagen."* (CR J)

Alle diese Erklärungen sind so generell, dass sich nicht erkennen lässt, ob sie aus Erfahrungen stammen oder nur Annahmen ausdrücken. Kennen Jugendliche Ältere, für die Jesus noch der „Halt" ist? In Äußerungen zur eigenen religiösen Entwicklung, die wir in den letzten Jahren erhalten haben, wird von manchen Jugendlichen bekundet, dass ihre Großmütter diese Älteren gewesen sind.

Eine andere Erklärung für die Entfremdung unserer Zeit zu Jesus ist unser *Wohlstand*, dass es *„uns einfach zu gut geht"*. Jemand sagt: *„Hier muss man trennen zwischen Ärmeren und Reichen. Für die Reichen bedeutet Jesus nicht mehr viel, da sie glauben, sich mit ihrem Reichtum (Geld) sowieso alles kaufen zu können. Für die Armen stellt Jesus noch eher eine Leitfigur dar, zu der sie aufschauen und die sie anbeten können. Es kommt auch darauf an, ob es sich um Industrie- oder um Entwicklungsländer handelt."* (CR 23/3) Hier greifen Jugendliche manchmal auch ihre Jesus-Tradition selbst auf. *„Heutzutage werden immer noch Menschen benachteiligt und verstoßen. Dagegen versuchte Jesus anzukämpfen. Dass Jesus nicht von Geburt an bekannt war, sondern ganz normal, verstärkt das."* (CR 26/17) Sie aktualisieren in der heutigen Zeit eine Kriseserfahrung aus den Evangelien: Reichtum trennt Menschen von Jesus.

Wenn Jugendliche von der „heutigen Zeit" sprechen, dann meinen sie damit vor allem die Bedingungen einer Welt, in der sie selbst leben. Und indem sie diese Welt besprechen, teilen sie auch etwas von den Erfahrungen mit, die sie am eigenen Leib machen. Sie erfahren diese Welt, die sie von außen durch Wohlstand, Technik und den Unterschied von Arm und Reich beherrscht sehen, von *innen* her als Hektik und Zeitmangel. Man kommt nicht dazu, *sich mit Jesus zu beschäftigen, sich für ihn zu interessieren, über ihn nachzudenken.* Mit solchen Verben bekunden Jugendliche etwas davon, wie sie Präsenz Jesu in unserer Zeit verstehen. Wir selbst müssten ihn in der Gegenwart unseres auf ihn gerichteten, an ihm interessierten *Denkens* halten, also uns auf ihn *besinnen*. Stattdessen wirkt alles darauf hin, dass Jesus *mehr und mehr vergessen wird*. Die Jugendlichen verstehen sehr wohl, dass solches Vergessen nicht einfach Abhandenkommen von Wissen ist. Ihre Erfahrung sagt, *„im Alltag ist er fast verschwunden"*. An unserer alltäglichen Lebenspraxis zeigt sich, *woran* wir wirklich denken, worauf wir uns besinnen und was wir vergessen. Einzelne sprechen von Unterbrechungen des Alltäglichen, die sie *manchmal an ihn denken* lassen: Weihnachten etwa, aber auch *bestimmte Situationen,* die sie zum Beten veranlassen.

Wir hören in solchen Voten zu Jesus in der heutigen Zeit Jugendliche fast immer direkt oder indirekt über ihr eigenes alltägliches Leben sprechen. Wenn z.B. gesagt wird *„...uns geht es gut. Wir denken über andere Dinge nach. Unsere Lebensinhalte haben sich von Gott und Jesus abgewendet",* dann beschreibt die Sprecherin damit eine Situation eigener Entfremdung, aus der sie herauskommen will. Sie sagt: *„Jeder Tag in Gesundheit, mit Freunden und Menschen, die man liebt. Aber wir alle, auch ich eingeschlossen, danken Gott nicht dafür. Zumindest nicht oft genug. Und das ist falsch. In Augenblicken wie diesen, in denen ich darüber nachdenke, finde ich meine eigenes Verhalten Gott und Jesus gegenüber nicht richtig. Ich werde versuchen, mich auf die wesentlichen Dinge im Leben zu konzentrieren."* (CR 23/1)

3. Die Geschichten

Der erzählte Jesus war es, der heutigen Jugendlichen in unserem Gebiet vermittelt worden ist. Wenn sie sich in ihren Voten *zu* Jesus äußern, dann stellen sie sich nicht nur implizit oder ausdrücklich zur ihnen vermittelten Narratio der Evangelien, sondern gleichzeitig auch zu den Jahren ihrer Kindheit und früheren Jugend, in denen ihnen die Geschichten von Jesus erzählt und nacherzählt wurden. Eine 1999 in Baden-Württemberg durchgeführte Befragung zeigt unter anderem, dass die „Geschichten von Jesus und Gott" für Jugendliche bis ins dreizehnte Lebensjahr immer noch einen deutlichen Vorrang auch in ihren Erwartungen an den Religionsunterricht haben. In vielen Voten älterer Jugendlicher wird diese narrative Tradition nun selbst zum Thema und meistens zu einem kritischen.

„Ich hörte zwar, dass es ihn gegeben haben soll. Aber ich kann mir nichts darunter vorstellen. Ich selber glaube nicht an Jesus oder an Gott. Ich wurde zwar evangelisch getauft, aber ich glaube nicht an Jesus, weil es für mich keine handfesten Beweise gibt. Denn schreiben kann man viel." (AJ 108)

„Ich weiß zwar, dass es ihn gegeben hat, aber jetzt? Man liest nur noch was über ihn oder hört etwas von ihm, und manche Geschichten sind auch glaubwürdig für mich, doch so richtig kann ich nichts damit anfangen." (BB/A1)

„Wir wissen zwar, was er für uns getan und vollbracht hat und wir lernen zwar seine Geschichte im Religionsunterricht oder im Gottesdienst kennen, aber er lebt nicht mehr zwischen uns Menschen." (CR 26/5)

Gerade die Geschichten, durch die ihnen Jesus in früheren Jahren „vergegenwärtigt" wurde, bezeichnen nun für viele eine Distanz, durch die Jesus ihnen entzogen ist. Eine Distanz zwischen der erzählten Welt, in der Jesus lebte und bei den Menschen war und der gegenwärtigen Welt, in der wie in einem Votum gesagt wird, man ihn nicht sieht, nicht hört und nicht fühlt und Zweifel haben kann, „dass es ihn überhaupt gibt". Und immer wieder ist es das Wunderbare in diesen

Geschichten, an dem Jugendliche diese Distanz am deutlichsten empfinden.

„Eigentlich war er der Erlöser, da er für unsere Sünden am Kreuz gestorben ist. Doch die biblischen Erzählungen sind eher unwahrscheinlich. Dass er durch Handauflegung Menschen geheilt hat glauben die wenigsten. In der heutigen Zeit kommt uns das Leben Jesu wie ein Märchen oder eine Geschichte vor..." (CR 25/16)

„Die Geschichten der Bibel sind doch für jeden Objektiven nur schwer zu glauben und sehr unwahrscheinlich. Wie sonst ist es zu erklären, dass es in den letzten Jahrhunderten keine solchen Wunder und Wunderheiler gab, sondern viel mehr Hass, Krieg, Armut, Hunger...?" (CR 23/27)

„Dass Jesus gelebt hat ist schon lange her. Heute muss man einfach so an ihn glauben, da wirklich für jeden bzw. mich offensichtliche Wunder nicht passieren. Und nur so glauben ist für mich sehr schwer. Denn glauben heißt nicht wissen. Aber wenn ich davon ausgehe, dass alles so passiert ist was über ihn geschrieben wurde, muss ich ihn schon bewundern." (CR 26/12)

Es sind immer wieder die so genannten Wunder, die die erzählte Jesusgeschichte „unwahrscheinlich" machen. Nun kann man sagen, hier äußern sich Jugendliche, die noch ihrem mythisch-wörtlichen Verständnis biblischer Geschichten verhaftet sind, im Unterschied etwa zu einer Gleichaltrigen, die z.B. sagt: *„...Geschichten könnten noch mehr bedeuten, wenn man sie nicht wörtlich nimmt, sondern auf heutige Ereignisse überträgt."* (eine Sechzehnjährige, CR 26/17) Dass dies vielen Jugendlichen nicht gelingen will, auch wenn sie inzwischen fast zwanzig sind, das muss noch einen anderen Grund haben als nur ein wenig entwickeltes kategoriales Denken. Dass die für uns schwer zu glaubenden Wundererzählungen für sie nicht der Anstoß wurde, ihr Verständnis der Geschichte Jesu weiterzuentwickeln[3], das liegt auch an der *Erwartung*, die der erzählte

---

[3] „Ein Faktor, der den Übergang zur Stufe 3 (synthetisch-konventioneller Glaube) einleitet, sind implizite Gegensätze oder Widersprüche in ‚stories', was zum Nachdenken über Sinn führt. Der Übergang zum formal-operationalen Denken macht eine derartige Reflexion möglich und notwendig. Das vorhergehende Wörtlichnehmen bricht zusammen,

Jesus bei ihnen geweckt hat. Diese Erwartung sprach sich für uns z.B. in der Frage einer Neunjährigen aus, die unmittelbar nach der Erzählung von der Heilung des Gelähmten nach Mk 2 sagte: „*Kann Jesus auch mein krankes Brüderle gesund machen?*" Niemand von den Jugendlichen fragt mehr so. Sie wissen nun alle, dass solche Geschehnisse in ihrer Welt „unwahrscheinlich" sind. Und doch ist vielen von ihnen die von Jesus erzählte wunderbare Hilfe als indirektes *Versprechen* geblieben, es sei ein Helfer aus der *leibhaftigen* Not der Menschen. „*Manchmal habe ich Zweifel dass es ihn überhaupt gibt. Man sieht ihn nicht, man hört und fühlt ihn nicht, aber wenn man in einer aussichtslosen Lage ist betet man doch zu ihm. Für mich ist Jesus eine wichtige Person und ich glaube an ihn.*" (CR 22/17)

Unter den Voten, in denen sich Jugendliche zum erzählten Jesus äußern, sind nun aber auch solche, in denen bekundet wird, dass gerade die Erzählungen von Jesus uns *entgegenkommen*. Z.B.: „*Es gibt Geschichten von Jesus, die erzählen, was er getan hat und dass er ein gewöhnlicher Mensch bei uns auf der Erde war. Gott ist im Vergleich zu Jesus für mich viel weiter weg, weil es von ihm keine Geschichten gibt, die von seinem Leben berichten. Jetzt kann ich mir durch Jesus (Jesu Geschichten) viel besser vorstellen, dass es wirklich Gott gibt. Jesus ist sozusagen wie eine Brücke zu Gott.*" (BB A 11)

Da sprechen Jugendliche, für die der Glaube an Gott nicht selbstverständlich ist. Eine Jugendliche, die von sich sagt, sie sei *nicht christlich* und „*Kirche ist für mich ungültig. Ob es Gott gibt, weiß ich nicht*", fährt dann fort: „*An Jesus kann ich schon eher glauben, weil von ihm mehr Erzählungen vorhanden sind die stimmen könnten. Jesus hat einiges für uns getan und auch für mich.*" (BB A 10)

Das Entgegenkommen der Geschichten von Jesus hat mit dem Thema zu tun, das auch sonst viele der Jugendlichen anzeigen: Die Ungewissheit Gottes, oft in der Zweifelsfrage ausgesprochen, „ob es Gott überhaupt gibt." In den Texten zu Gott und zum Gebet, die Jugendliche bei uns in den letzten

---

und die neue ‚kognitive Einbildung' (Elkind) führt zur Enttäuschung über frühere Lehrer und Lehren." Fowler, J.W. (1991): Stufen des Glaubens. Gütersloh, 167.

beiden Jahrzehnten immer wieder geschrieben haben, ist das sogar die am häufigsten mitgeteilte Frage. Nur wird in diesen Texten so gut wie nie davon gesprochen, wodurch Jesus denen, die an Gott zweifeln, zu Hilfe kommt. Erst in Texten, die eigens der Person Jesu gewidmet sind, wird von einzelnen Jugendlichen ausgesprochen, dass uns der erzählte Jesus Gottes vergewissert.[4]

„Keiner weiß, ob es Gott in Wirklichkeit gibt und als Jesus kam ist ein Glaube aufgetaucht, dass es doch einen Gott gibt." (BB A 8)

„Für mich bedeutet Jesus eine begreifbare Verbindung mit Gott. Die Menschen begreifen durch ihn die Taten und das Denken Gottes. Im alltäglichen Leben ist man sich der Taten Jesu nicht bewusst. In einer nachdenklichen Phase, wenn ich z.B. die Natur, die Tiere betrachte, erkenne ich, wie schön er doch alles gemacht hat. Jesus als Gottes Helfer muss ihn unterstützen diese Schöpfung zu erhalten und über die Menschen zu richten. Gerade wenn man schweren Krankheiten ins Auge sehen muss, gibt einem die Erinnerung an Jesu Taten und der Glaube daran die Kraft, wieder neue Hoffnung zu schöpfen." (CR 23/8)

In allen diesen Voten springen die *Geschichten*, die von Jesus erzählt werden können, für *Gott* ein, von dem wir nichts wissen, der uns fern ist, von dem *„keiner weiß, ob es ihn in Wirklichkeit gibt"*. Voten, die an die Christologie des Johannesevangeliums erinnern können. (Joh 1,18; 6,46)

Die gegensätzlichen Voten zur Jesus-Geschichte sollten nicht einfach aus unterschiedlicher Verbundenheit Jugendlicher zum christlichen Glauben erklärt werden. Die Jugendlichen sind einem *gemeinsamen* Thema konfrontiert: Der Tradition selbst, in der ihnen vor allem anderen Jesus vorgestellt wurde. Sie versuchen sich dazu zu stellen, dass Jesus für sie der *Erzählte* ist.

---

4 K.E. Nipkow (1986): Birkacher Beiträge 3, Stuttgart, 33 weist darauf hin, wie selten in Texten Jugendlicher dort, wo von Gottes Liebe die Rede ist, von Jesus gesprochen wird.

Von ihrem früheren Status als Empfänger dieser Erzählung sind sie inzwischen vor allem auch dadurch emanzipiert, dass sie nun *wissen*, wir können eine Erzählung nicht nur übernehmen, wir müssen sie uns innerhalb der Welt, in der wir leben, vergegenwärtigen. Nicht erst in der Auslegung, schon bei der Erzählung selbst sprechen wir mit unseren Lebens- und Welterfahrungen mit.

Für viele Jugendliche bedeutet das aber, die nach den Evangelien erzählten Geschichten von den Taten Jesu lassen sich unter den Konditionen, unter denen wir in dieser Welt leben, nicht vergegenwärtigen. Wir können die wunderbaren Interventionen Jesu, von denen die Evangelien erzählen, nicht erwarten. Wenn Jugendliche in diesem Zusammenhang immer wieder sagen, *Jesus ist nicht mehr da,* dann drücken sie nicht nur so etwas wie die historische Vergangenheit seines Daseins aus. Sie sagen damit, dass er, so wie die Dinge stehen, Menschen nicht so zu Hilfe kommt, kommen kann, wie in den Geschichten von ihm erzählt wird.

Dieselben Erzählungen aber, das ist die entgegengesetzte Möglichkeit, werden von anderen Jugendlichen selbst als Hilfe aufgegriffen. Jesus ist nicht mehr da, aber er *war* da und ist in einer menschlichen Geschichte erzählbar geworden, sodass wir immer noch an ihm *anschaulich* und deshalb glaubhaft ablesen können, dass es Gott gibt und wer Gott ist.

4. Das Beispiel

Nicht nur in vielen Darstellungen, auch in ihren Voten zu Jesus würdigen Jugendliche kaum etwas so oft wie Mitmenschlichkeit. In ihr scheint sich für viele die Tradition von Jesus zu verdichten und ihn selbst auch für die Gegenwart unvergesslich zu halten. Wenn Jugendliche explizit mitteilen, was ihnen an Jesus eindrücklich oder bemerkenswert ist, fehlen fast nie Würdigungen seiner Humanität, unabhängig davon, welche Ausprägungen die einzelnen Voten sonst noch haben.

So wird gesagt, er hat sich „*um jeden Menschen gekümmert*", „*stand für Menschen ein, die nicht gerade nett zu ihm waren*", er besaß „*die Kunst zu verzeihen, die er ohne Unterschied ausgeübt hat*", „*dass Jesus bei seinen guten Werken… nicht zwischen Arm und Reich unterschieden hat*", „*dass er keine Gewalt anwendete*", „*er hat sich so gut wie nie provozieren lassen und hatte immer die richtigen Worte parat*", „*dass er auch seinen Feinden half und nicht einmal sie im Stich ließ*", „*dass er zu allen Menschen gut ist…, sein Leben für uns Menschen geopfert hat*", „*sein Mut, er handelt selbstlos*". (KH T)

In ausführlicheren Voten zu Jesus lesen wir zum Beispiel:

„*Jesus wollte, dass die Menschheit in Frieden und Gemeinschaft gleichberechtigt lebt. Diese Forderung ist beachtenswert und ist noch heute gültig. Viele Menschen, wie z.B. Mutter Theresa bemühen sich um das Wohl der Menschen und oft haben sie nur wenig Erfolg. Die Forderungen Jesu sollten stärker beachtet werden.*" (ST HO)

„*Jesus war eine herausragende Persönlichkeit, er vollbrachte das jüdische Gesetz in allen Punkten. Jesus zeigte den Menschen seine Liebe und predigte Nächstenliebe, man kann ihn vielleicht als Sozialrevolutionär bezeichnen. Ich finde, Jesus sollte für jeden Vorbild sein, auch wenn wir ihn nie erreichen können. Wenn jeder etwas mehr an andere denkt und nicht so sehr an sich selbst, wäre die Welt sicher freundlicher für ihre Bewohner.*" (ST HO)

Es wird immer wieder hervorgehoben, dass Jesus Mitmenschlichkeit nicht nur *lehrte*, sondern auch selbst *praktizierte*. „*Jesus ist für mich einer der wenigen Philosophen, die ihre Philosophie an sich selbst erprobt haben. Er ist für mich die Verkörperung der Humanität und allumfassenden Liebe.*" (ST HO)

Und wie in diesem Votum gebrauchen Jugendliche sehr oft ethische Leitbegriffe, um Jesus auszuzeichnen: *Hilfsbereitschaft, Aufgeschlossenheit, Fröhlichkeit, Gerechtigkeit, Gewaltlosigkeit, Opferbereitschaft*. (KHT/9)

In solchen Begriffen bekunden die Jugendlichen ihr Verständnis von dem, was Jesus selbst in allem, was er tat, geleitet und bestimmt hat. Und sie sprechen mit ihnen zugleich so etwas wie die „wahre Bestimmung" des Menschen aus. Jesus wurde zum Spiegel *unserer* Menschlichkeit. Dazu sagen sie immer wieder *Vorbild* und *Beispiel*.

„*Für mich ist Jesus ein Vorbild nach dem ich versuche meine Taten und Entscheidungen zu treffen… Ich kann auch sagen, dass er eine*

Wirkung in mir hinterlassen hat. Immer wenn ich daran denke wie er gelebt hat, versuche ich mich zu ändern und meine Fehler auszubessern." (CR 26/2)

„An ihm kann man sich heute noch ein Beispiel nehmen, aber das tun viel zu wenig Menschen. Sie verurteilen andere vorschnell und hören sich nicht an, was sie zu sagen haben." (CR 22/7)

„Ich denke, Jesus kann heute noch als Vorbild stehen. Heutzutage werden immer noch Menschen benachteiligt und verstoßen. Dagegen versuchte Jesus anzukämpfen." (CR 26/17)

In den Voten zur Humanität Jesu spricht sich vermutlich die weiteste gemeinsame Möglichkeit aus, die Jugendliche haben, Jesus in einem „Heute-noch" für ihre Gegenwart zu erinnern. Das kann aber auch bedeuten, dass sie den Widerspruch unserer Gegenwart, den Widerspruch auch ihres eigenen Verhaltens zu dem erkennen, wofür Jesus steht. *„Seine Einstellung (wenn dich jemand auf die linke Backe haut…) passt nicht mehr in die heutige Zeit"*, und an die *„Barmherzigkeit"*, die Jesus gelehrt hat, *„hält sich eh keiner mehr"*. (KHT 4) Aber auch an solchen Äußerungen wird das gemeinsame Verständnis deutlich: Jesus ist als Anspruch gegenwärtig, *seine* Humanität als unsere „wahre Bestimmung" zu übernehmen. Und in manchen Voten bekunden Jugendliche deutlich, dass dieser Anspruch durch Jesus selbst mit dem *Glauben* verknüpft wurde, den er gelehrt hat.

„Durch ihn wissen wir heute was Glaube ist und er hat gezeigt, dass man sich für andere einsetzen soll." (CR 26/20)

„Durch ihn wissen wir heute was Religion und der Glaube überhaupt ist und bedeutet. Seine Art des Glaubens wurde Generationen lang weitergeliefert bis heute hin zu uns. Vielleicht haben wir durch ihn auch gelernt, was Liebe, Hass und letztendlich der Tod bedeutet." (CR 26/25)

In keinem der Voten zur Humanität ist das Wort *Nachfolge* aufgegriffen worden. Wie die Darstellungen zeigen, kennen es Jugendliche, gebrauchen es aber nur für die Jünger zur Zeit Jesu. *Beispiel/Vorbild* mussten die Jugendlichen nicht unbedingt aus der Erzählung von der Fußwaschung (Joh 13,15) aufnehmen, obwohl diese einzelnen eindrücklich geblieben ist. Einzelne Weisungen Jesu wiederholen sie fast nie, ausgenommen manchmal das Gebot der Nächstenliebe. Sie *entnehmen* dem Leben und Verhalten Jesu die Bestimmungen des wahren Menschen und anerkennen es als sein Vermächtnis an unser Gewissen.

5. Bekenntnisse

Wie kommen wir dazu, bestimmte Voten Jugendlicher zu Jesus *Bekenntnisse* zu nennen? Es war zunächst die deutliche Wahrnehmung, dass einige Jugendliche das, was sie zu Jesus schrieben, als affirmative Bekundung ihres *Zutrauens* zu Jesus verstanden wissen wollen. Das lässt sich an der jeweils gesamten Rede einzelner Voten erkennen.

„Ich glaube, dass Jesus Gottes Sohn war und sich für die Menschen geopfert hat. Durch ihn ist es möglich, dass Sünden vergeben werden können. Er hat zwar gefühlt wie ein Mensch, ist aber trotz zahlreicher Versuchungen ohne Sünde über die Erde gegangen. In meinem Leben bedeutet Jesus viel. Er kann Hilfe geben, Trost sein."
(ST HO)

„Jesus ist Gottes Sohn, der auf die Welt gekommen ist, damit wir Menschen in Frieden leben können, sofern wir es selber wollen. Er hat durch seinen Tod am Kreuz die ganze Schuld der Menschheit auf sich genommen. Durch ihn können wir damit rechnen, dass unsere Schuld vergeben wird, wenn wir darum bitten. Durch den Glauben an Gott und an Jesus haben wir die Möglichkeit auf das ewige Leben. Für mich ist Jesus jemand, dem ich alles sagen kann und bei dem ich weiß, dass er sich um mich kümmert, dass er mich liebt. Er vergibt mir meine Schuld. Mein Leben ist nach Jesus ausgerichtet, was nicht heißt, dass es deshalb einfacher ist." (ST HO)

„Jesus ist für mich Gottes Sohn, der am Kreuz für alle meine Fehler und Schuld gestorben ist. Jesus ist derjenige, der Liebe, Hilfe für den Nächsten und inneren Frieden bringt. Der auch hilft, dass diese Dinge unter den Menschen verwirklicht werden können (wenn man an ihn glaubt). Jesus ist für mich jemand, dem man alles sagen kann,

ohne Angst zu haben, dass man verurteilt wird oder ausgelacht. Jesus macht mich innerlich frei. Ohne ihn kann ich mir mein Leben nicht vorstellen." (ST HO)

"Er ist für uns gestorben, lebt aber trotzdem durch seine Auferstehung weiter. Diesen Tag feiern wir und natürlich auch den Tag, an dem er geboren ist. Er ist ein Heiliger für uns. Und unser Beschützer in der Not. Er vergibt unsere Sünden, die wir begehen oder begangen haben. Er ist Heiland und Retter in der Not. Wir beten zu ihm wenn wir einsam sind oder sonstige Probleme haben. (CR 20/4)

"Ich persönlich glaube an ihn und an ein Leben nach dem Tod. Ich finde es gut, dass er viele Wunder vollbracht hat, die bis zu uns aufgeschrieben wurden. Dass Gott uns einen einzigen Sohn schickte war auch ein großes Opfer, der für uns am Kreuz gestorben ist, damit er unsere Sünden vergibt und wir später in den Himmel kommen dürfen". (CR 22/16)

Dass in allen Bekenntnissen vom Tod Jesu für uns gesprochen wird, teilen sie nicht nur mit vielen *Darstellungen* von Jesus, sondern auch mit vielen anderen *Voten* zu Jesus. Z.B. in einer Gruppe von 24 Jugendlichen, in der kurze und eher assoziative Aussagen zu Jesus geschrieben wurden, hat mehr als ein Drittel auch sein Sterben hervorgehoben: *"Dass er sein Leben gegeben hat…", „…für alle Menschen gestorben ist…", „dass er für unsere Sünden am Kreuz gestorben ist…", „er starb ganz normal wie ein Mensch am Kreuz, wurde nicht vorher erlöst", „er opferte sich für die Menschheit".* (KHT) Neben all diesen Varianten des Wortes vom Kreuz wird manchmal dieser Hauptsatz des christlichen Katechismus zum zweiten Artikel auch von Jugendlichen erinnert und reformuliert, die mitteilen, dass sie *nichts* damit anfangen können. In den Voten zu Jesus, die wir als Bekenntnisse zu verstehen haben, sind die Jugendlichen daran interessiert, auszusprechen, was uns, was ihnen selbst durch das Für-uns-gestorben zufällt: Vergebung der Sünden. *"Durch ihn ist es möglich, dass Sünden vergeben werden können", „durch ihn können wir damit rechnen, dass unsere Schuld vergeben wird", „er vergibt unsere Sünden",* die Zusage des dritten Artikels des Credo, nach der wir glauben sollen, dass der Heilige Geist „mir und allen Gläubigen täglich alle Sünden reichlich vergibt". (M. Luther, Enchiridion)

Luthers Erklärung des dritten Artikels hat den Jugendlichen kaum direkt als Sprachmodell gedient. Sie verdeutlicht jedoch ein Anliegen der Bekenntnisrede, das auch die Jugendlichen haben und ausdrücken wollen. Was Jesus für uns getan hat, wird uns in der Gegenwart zugeteilt. Die Jugendlichen sprechen nicht ausdrücklich vom heiligen Geist. Eigentlich ist es Jesus selbst, der für uns da sein und wirken muss.

Dieses Dasein Jesu für uns bekunden Jugendliche in den Bekenntnissen als *Beziehung*, die er zu ihnen alltäglich und persönlich hat. In ihr ist er für sie unmittelbar ansprechbar. Sie können sich ihm anvertrauen, zu ihm *beten*.

Damit beginnt auch das folgende Votum: *„Jesus ist für mich wichtig, weil ich zu ihm beten kann und das Gefühl habe meine Gebete werden erhört. Ich bete täglich, höre und erzähle Geschichten von Jesus."* (BB A 13) Aber diese Mitteilung eröffnet kein Bekenntnis, sondern eher die Selbstmitteilung einer Jugendlichen, die unsicher ist. Sie fährt fort: *„Oftmals muss ich mir aber überlegen ob ich ein Christ bin. Ich tue manchmal Sachen, die nicht besonders toll sind und überlege, ob das ein Christ auch tun würde. Da bin ich mir einfach nicht sicher, aber eins weiß ich, ich glaube an Gott und Jesus. Ich habe auch Lieblingsverse, die ich ab und zu lese, wenn ich traurig bin. Also spielt er schon eine wichtige Rolle in meinem Leben, und ich hoffe, dass es so bleibt, weil ich mich so einfach gut fühle. Jesus selbst habe ich nie erfahren, habe von Freunden schon viel darüber gehört. Vielleicht kann ich irgendwann auch einmal von einem Erlebnis mit Jesus berichten."*

Auch von anderen Jugendlichen gibt es ganz ähnliche Konfessionen. Immer wieder kritische Selbstwahrnehmungen, *ob ich ein Christ bin,* und das heißt dann oft, ob ich Jesus in meiner alltäglichen Lebenspraxis entspreche. Immer wieder auch der Wunsch nach einem *Erlebnis,* in dem *Jesus selbst* erfahrbar wird. Die Jugendlichen, die diesen Erfahrungswunsch äußern, bekunden damit indirekt auch *man sieht ihn nicht, man hört ihn nicht, man fühlt ihn nicht,* aber sie stehen in Verbindung mit Gruppen oder Kreisen, in denen die einen den anderen solche exklusiven Erfahrungen voraus haben. *Jesus selbst erfahren* bedeutet da unmittelbare Gewissheit, *von einem Erlebnis mit Jesus berichten* ihn persönlich bekennen zu können.

Mitteilungen wie der letzte Text können uns darauf hinweisen, dass Jugendliche, die Jesus bekennen wollen, eine Tradition aufnehmen, in der das, was von Jesus zu sagen ist, als Bekenntnis zu Jesus gesprochen wird. Sich dieser Tradition anzuschließen bedeutet aber für sie nicht nur Zustimmung zu einem gemeinsamen Bekenntnis, sondern zugleich Neuformulierung aus der eigenen Gewissheit. Diese eigene Gewissheit ist auch für die Jugendlichen, die in ihren Bekenntnissen sagen wollen, dass Jesus für sie *da* ist, nicht selbstverständlich.

Die wichtigste Möglichkeit, sich der Gegenwart Jesu zu vergewissern, ist für sie, ihn selbst im Gebet anzusprechen.

Die Gebetsanliegen werden von Jugendlichen sehr oft mit dem Wort *Probleme* umschrieben. Das signalisiert zunächst immer das Höchstpersönliche, das die einzelnen keinem anderen als Gott oder Jesus sagen wollten. Aber gerade darin haben Jugendliche *gemeinsame* Erwartungen an Jesus. Eine davon heißt *Hoffnung*. Mit diesem Wort können einzelne Jugendliche in sehr *kurzen* Bekenntnissen zusammensprechen, was Jesus für uns *ist* und was er *gibt*.

„Seine Lebensaufgabe war es, Menschen zum Glauben zu bringen und Menschen zu helfen. Durch ihn haben die Menschen Hoffnung bekommen und vielleicht bekommen heute noch Menschen Hoffnung, wenn sie zu ihm beten." (CR 26/15)

„Jesus ist eine Hoffnung fürs Überleben. Der Mensch muss immer glauben und der Glauben hilft, dass die Menschen nicht untergehen." (CR 22/12)

„Jesus ist unsere Hoffnung auf ein Leben nach dem Tod. Wir feiern nicht umsonst die Kreuzigung, die Auferstehung und die Geburt Jesu. Er kann uns im Glauben Halt geben." (CR 3)

„Jesus steht für die Auferstehung nach dem Tod. Er gibt uns Hoffnung für die Zukunft." (KMG 3)

Zum Thema Glauben

Rückblickend auf die Äußerungen Jugendlicher zu Jesus, ihre Darstellungen und ihre Voten, stehen wir unter dem Eindruck, wie unterschiedlich sie sich zu der gemeinsamen, vor allem aus der Erzählung aufgenommenen Tradition von Jesus stellen. Wie individuell und auf sich gestellt sie den Anspruch beurteilen, der für sie aus ihrer Jesus-Tradition hörbar geworden ist. Auch die Äußerungen zu Jesus aus unserem Gebiet können als Spiegel einer sich vollziehenden Individualisierung und Privatisierung von Religion mit regionalen Besonderheiten angesehen werden.[5] Wenn es einen gemeinsamen Horizont der Rezeption der Jesus-Tradition gibt, dann wohl am ehesten die gemeinsam erlebte Alltagswelt und die profane Welt, in der sie alle leben.

Dennoch teilen die Jugendlichen in ihren Äußerungen zu Jesus ein gemeinsames Thema. Ob sie denken, *„dass Jesus in unserer heutigen Welt eine Art Illusion ist, an der sich Menschen klammern um daraus Hoffnung auf etwas Besseres zu schöpfen"* (CR 22/19), ob sie auf sich selbst blickend sagen *„...man kann nie nachweisen, was früher war, ob es stimmt und man hat ihn noch nie gesehen. Vielleicht kommt auch erst alles nach dem Tode. Ich selber glaube manchmal daran und manchmal nicht."* (BB 1), ob sie in Jesus das Vorbild ihrer eigenen Menschlichkeit anerkennen oder ob sie Jesus als den persönlichen Begleiter bekennen, nach dem sie ihr Leben ausrichten wollen – es geht für sie um diese Zumutung, die sie selbst so oft als *Glauben* bezeichnen.

Signalisiert das Wort „Glauben/glauben" bei ihnen ein *gemeinsames* Verständnis von Glauben oder ist auch dieses so privatisiert, wie ihre unterschiedlichen Voten eigentlich nahelegen?

---

5 „Religiöse Themen entspringen aus Erfahrungen in der ‚Privatsphäre'. Sie beruhen hauptsächliche auf Gefühlen und Empfindungen und sind so instabil, dass ihre Artikulation Schwierigkeiten bereitet. Sie sind in hohem Maße ‚subjektiv', d.h. sie werden nicht von primären Institutionen verbindlich festgelegt." Luckmann, Th. (1991): Die unsichtbare Religion, Ffm, 146.

Wenn wir uns an die Äußerungen Jugendlicher (nicht nur zu Jesus) halten, die sie uns in den vergangenen Jahren mitlesen ließen, dann müssen wir sagen: Wie immer sich Jugendliche jeweils selbst zum Glauben stellen, ob sie dieser Zumutung absagen, ihr Urteil aufschieben, zweifeln oder ob sie sie bejahen, sie meinen damit ein *Credo*, das besagt: Ich glaube an Gott und dass er sei der Schöpfer der Welt und aller ihrer Lebewesen, ihr unsichtbarer und väterlicher Beschützer und Helfer in aller Not. Gleich auf welcher Stufe persönlichen Glaubens jemand von ihnen inzwischen stehen mag, Glauben bedeutet die Zumutung, Gott als Schöpfer und Vater mit unserer Welt und uns allen *zusammenzusprechen*. Dieses Credo haben Jugendliche bei uns früh und noch bevor Glaube explizit für sie zum Thema geworden ist als „erste Theologie"[6] aufgenommen. Es ist bekannt, wie fraglich es so vielen von ihnen im Jugendalter wird, aber wir sollten dabei nicht übersehen, wie oft sie es trotzdem affirmativ aufnehmen, um es mit eigener Stimme zu reformulieren[7], z.B. so:

„Mit Gott verbinde ich alles. Er ist der Grund für alles und vielleicht auch der Sinn des Lebens. Er ist für unser Dasein und Handeln verantwortlich. Ich glaube er hat jeden Menschen selbst entworfen mit guten bzw. schlechten Eigenschaften und er steht zu seinem Werk, weil er niemanden fallen lässt und allen Menschen stets offen und ehrlich zur Verfügung steht." (CR KC/9)

Auch diese Credo-Reformulierung ist auf eigene Faust gesprochen und durchaus individuell. Da sind andere Jugendliche, denen die Aussage, dass Gott nicht nur für unser Dasein sondern auch für unser Handeln *„verantwortlich"* sei, zu weit geht. Jugendliche, die ausdrücklich vertreten: Gott hat dem Menschen Verstand gegeben, damit er für sein Handeln verantwortlich sein und sogar die Verantwortung für die Schöpfung Gottes übernehmen soll. Nicht nur, ob es überhaupt einen Gott gibt, der Komplementär unserer Welt sein

---

6 Aus einer Kapitelüberschrift von Gottfried Keller: Der grüne Heinrich.
7 Vgl. Schuster, R. (1986): Einige Bekenntnisse Jugendlicher. Birkacher Beiträge 3. Stuttgart.

kann, sondern auch *wie weit* sich Gott mit dieser Welt, ja vor allem mit dem *Menschen* zusammensprechen lässt, ist ein Thema, das in Gesprächen zum Glauben mit Jugendlichen der Rede wert ist.

Was ist das *Interesse*, das Jugendliche an diesem Thema haben? Am offenkundigsten wird aus allen ihren Mitteilungen, wie vielen es um die Möglichkeit geht, Gott den Vater, Schöpfer und Helfer *ansprechen*, zu ihm *beten* zu können und von ihm *gehört zu werden*. Dass Gott zu seinem Werk steht, wird weniger ausgesprochen als immer wieder in Anspruch genommen und in der Praxis erprobt, in der Jugendliche zu ihm sprechen, sich mitteilen oder einfach um Hilfe rufen. Gerade in dieser Praxis, die meistens sehr alltäglich ist, erfahren Jugendliche freilich auch am deutlichsten, wie *ungewiss* ihnen werden kann, ob der da ist, der uns hört.

„Hätte ich dies vor eineinhalb Jahren schreiben sollen wäre es mir wohl ziemlich leicht gefallen, leichter als jetzt, da ich mich total im Zwiespalt befinde, ob Beten überhaupt hilft, ob es mich wirklich befreit – letztendlich ob es Gott überhaupt gibt." (GF 3)

Je deutlicher Jugendlichen wird, *wozu* sie den Glauben an Gott *brauchen*, dass Glauben unsere eigene Bewegung ist, in der wir uns an Gott *halten, festhalten, festklammern* wollen, wie es immer wieder heißt, desto deutlicher erkennen sie auch, dass es für uns keine Selbstverständlichkeit ist, zu glauben oder glauben zu können.[8]

---

8   Schweitzer, F. (1996): Einführung in die Religionspädagogik des Jugendalters. Die Suche nach dem eigenen Glauben, Gütersloh, setzt bei dieser Suchbewegung nach eigenem Glauben an. Eines der Ergebnisse seiner differenzierten Darstellung ist: „Auch beim Gottesglauben nimmt die Religion der Jugendlichen die Form des Fragens und Suchens an. Es ist eine Religion, die sich von der – zumindest vermeintlichen – Sicherheit und Eindeutigkeit kirchlicher Traditionen und Gottesbergriffe abgrenzt, eben weil Jugendliche dort für ihr eigenes Suchen keinen Raum vermuten oder gefunden haben. Ihren Haftpunkt besitzt diese Religion in der Lebenswelt der Jugendlichen, in der sie allerdings im Alltag nur gelegentlich offenen Ausdruck gewinnt. Gleichwohl ist sie vorhanden, in untergründiger Form, die bei Krisen oder beim Nachdenken über kritische Lebensereignisse hervortritt."

Wie ist es mit dem Glauben *an Jesus*? Für viele Jugendliche vertritt er für die, die an ihn glauben, Gott selbst. Dann wird Jesus im Gebet angesprochen. Dann wird von Jesus Hilfe erwartet (und Hilfe erfahren). Jesus vergibt und Jesus gibt neue Hoffnung. (Manche bekunden allerdings ausdrücklich, dass sie nicht zu Jesus beten, sondern nur zu Gott.) Aber auch Jesus ist, wie Gott selbst, für uns nicht sichtbar, für manche unsichtbar *da*, für manche „*nicht mehr unter uns Menschen*". Ein Jugendlicher sagt:

„*Der Glaube an Jesus ist ein Fall für sich. Die einen glauben daran. Die anderen nicht. Er ist Sohn Gottes, er ist der Erlöser vom Bösen und hilft einem dabei, Krankheiten zu überwinden. Ich finde aber, man kann nie nachweisen, was früher war, ob es stimmt und man hat ihn noch nie gesehen. Vielleicht kommt auch erst alles nach dem Tode. Ich selber glaube manchmal daran und manchmal nicht.*" (BB 1)

Der hier mitgeteilte Zwiespalt, in vielen Texten auch die Fragen, sind vielleicht die auffallendsten Leitmotive für das problematische Verhältnis Jugendlicher zum Glauben an Gott wie an Jesus. Aber gerade in dieser Zeit hängt sich das problematisch gewordene Glaubensthema an ein zweites Thema, das jetzt für sie lebensbestimmend wird. Es ist die *Liebe*. Was das für Glauben bedeuten kann, soll hier wenigstens an zwei Textbeispielen deutlicher werden.

Eine Jugendliche rettet sich wie manche andere vor der bedrängenden Glaubensforderung ihrer Familie zunächst in die Negation „*Ich glaube nicht an Gott*". Ein Grund für sie ist: „*In meiner Familie gibt es mehrere Leute, die so christliche sind, dass man nicht lange in ihrer Gegenwart bleiben kann.*" (CR KC/10) Sie will es aber nicht bei dieser Negation lassen und sagt später: „*Ich glaube an das Leben und die Liebe. Vielleicht mischt da Gott ja auch mit. Ich habe keine Ahnung.*" Und sie beendet ihren ganzen Text: „*Ich glaube jetzt noch nicht an Gott, aber vielleicht behält meine Mutter Recht und ich werde es einmal tun.*"

In diesem kurzen Credo an das Leben und die Liebe hört man auch noch aus dem Schriftlichen, wie das „Ich glaube." in der Stimmlage der Entschlossenheit gesagt wird. Die Sprecherin selbst will leben und lieben und hofft darauf, dass ihre Lebensgeschichte eine Liebesgeschichte sein wird. Sie spricht höchst persönlich und doch nicht als Vereinzelte. Liebe ist bei Jugendlichen das, worauf es ihnen für ihr Leben vor allem anderen ankommt.[9] Man könnte sie als einen Höchstwert im „Wert- und Machtzentrum" Jugendlicher bezeichnen.[10]

Sprachlich verstanden ist sie *die Verheißung*, der glauben zu können für Jugendliche lebensentscheidend ist. Weil alles daran hängt, dass die Liebe in ihrem Leben wahr wird, hält die Jugendliche, die wir gehört haben, offen, dass Gott da auch „*mitmischt*" und will es darauf ankommen lassen.

Von einer anderen Jugendlichen lesen wir in ihrem Text zunächst nur *Fragen*: *„ Wozu beten? Hört es jemand?"* – *„Glaube ich an Gott? Ich kann es nicht sagen."* – *„Ist Gott Schicksal und Fügung zugleich? Gibt sich Gott so zu erkennen?"* – *„Blickt er auf uns herab oder ist er mitten unter uns?"* Erst am Ende ihres Katalogs versucht sie selbst eine Antwort:

„Was es am ehesten trifft ist,
dass Gott und Liebe ein und derselbe Begriff sind.
Ohne Gott gäbe es keinen Glauben
ohne GLAUBE gäbe es keine Liebe
ohne LIEBE gäbe es keinen Gott!" (KHG)

Dieser eigenartige Zirkel ist kein Gottesbeweis, aber eine Selbstvergewisserung dieser Jugendlichen für den Glauben. Sie bildet mit Hilfe der Liebe ein Dreigespann, in dem der Glaube an Gott hängt, die Liebe am Glauben, Gott aber an der Liebe. Einleuchtend werden die drei Urteile nur miteinander und von innen, für jemand, der sie wie eine Agende mitgeht. Das führt von Gott wieder zu Gott, aber nicht leer. Der Glaube gewinnt etwas, was er bejahen kann: Die Liebe spricht für Gott. Daran hält sich der Glaube und kann für die Liebe sprechen.

Wenn Jugendliche erkennen, dass die Liebe den Glauben zum Ernstfall macht, *verstehen* sie nun auch, dass *Jesu* Auftreten und Wirken in unserer Welt die Intervention für diesen Glauben

---

9 Vgl. hierzu die Ergebnisse der Untersuchungen von Barz, H. (1992): Jugend und Religion. Bd.2. Postmoderne Religion. Am Beispiel der jungen Generation in den Alten Bundesländern. Opladen, 92-102.
10 Fowler (1991), a.a.O.

war. Jesus wollte den Menschen zum Glauben an Gott verhelfen. Immer wieder wird bekundet, dass er dazu der Meister gewesen ist, nicht nur weil er auf eine unvergleichliche Weise zu Menschen von Gott sprach, sondern weil er sich selbst ganz für sie einsetzte. Er erfüllte das Gebot der Liebe bis zum Tod am Kreuz. Dass Jesus Gott, seinen Vater, den Menschen durch die Praxis seiner Menschenliebe glaubwürdig machen wollte, das ist wohl der weitreichendste gemeinsame Grundriss einer Christologie Jugendlicher. Jesus wollte, dass Menschen das glauben sollen, was der Jugendliche in seinem Credo-Text sagt: Gott steht zu seinem Werk.

Ebenso unvergesslich aber ist Jugendlichen, dass Jesus diesen Anspruch Gottes auf *alle* in einer Welt vertritt, die ihm von Anfang an widersprochen hat und bis heute widerspricht. Die Jugendlichen wissen wohl, dass es in der christlichen Kirche so etwas wie einen „heiligen Kosmos"[11] gibt (oder gab), in dem die Geschichte Jesu als die einmalige Geschichte der Liebe Gottes zur Welt gefeiert wird. Und für manche ist das immer noch eine Vergewisserung zum Glauben. Aber wenn Jugendliche auf unsere Welt und, wie es ihrem Alter entspricht, auch auf sich selbst sehen, erkennen sie da nicht das Diesseits eines heiligen Kosmos, sondern „Schule der Gottlosigkeit",[12] in der Menschen an der Liebe und an Gott verzweifeln lernen. Ein Jugendlicher sagt: *„Jesus selbst hätte heutzutage genauso wenig Chancen seine Botschaft zu verkündigen wie damals."* (CR 22/19)

Der Jugendliche, von dem wir in seinem Credo gehört haben, dass Gott für unser Dasein verantwortlich ist und zu seinem Werk steht, weil er *„niemand fallen lässt"*, setzt mit einigem Abstand darunter die Frage *„Stimmt das?"*.

Dann sagt er: *„Er müsste so ein großes, unvorstellbares Herz haben… Ich bin für ihn, glaube ich, eine Enttäuschung – bei 5 Milliarden so viele! Aber Gott kann das verkraften."* (CR KC/9)

---

11 Luckmann (1991), a.a.O.
12 Tisma, A. (1993): „Schule der Gottlosigkeit" ist die Überschrift einer der vier Erzählungen, die unter diesem Titel veröffentlicht wurden. München u.a.

Allen Jugendlichen, die Gott mit der Welt zusammenzusprechen versuchen, begegnet die Frage „Stimmt das?" Es gibt für sie kein Credo, das ihnen die Begegnung mit dieser Frage erspart, so lange darin überhaupt noch etwas von einem Anspruch Gottes auf seine Schöpfung enthalten ist. Je tapferer sie die Menschenwelt und sich selbst ansehen, desto eindringlicher wird die Frage für sie werden. Es sind auch unter den Jugendlichen nicht wenige, die Gott mangels Beweisen aus seinem unmöglichen Anspruch auf die Welt entlassen und sagen, es sei kein Gott. Es gibt Jugendliche, die erwarten, dass Gott wenigstens in einer apokalyptischen Endabrechnung mit der Menschheit seinen Anspruch zeigen wird. Die meisten Jugendlichen aber rechnen eher damit, dass gerade dafür Gott selbst nichts mehr tun muss, weil wir das, so wie die Dinge stehen, selbst besorgen werden.

Aber das ist auch möglich: Jugendliche halten für sich fest, dass „Gott und die Liebe derselbe Begriff ist" und gehen so weit, zu behaupten, Gottes Liebe ist so groß, dass er die Menschheit *verkraften kann*, die ihm abgesagt hat. Wer von uns das im Ernstfall *glauben* kann, das wird sich zeigen, wie diese Jugendlichen wohl wissen. Die meisten aber haben verstanden, dass das der Glaube *Jesu* war, den er an alle *„weiterleiten"* wollte.

Die Autorinnen und Autoren

Judith Brunner absolviert nach dem Studium an der PH Heidelberg (Ev. Theologie und Deutsch) ihr Referendariat an der GHS in Kirchhardt (Kr. Heilbronn).

Prof. Dr. Gerhard Büttner lehrt an der Universität Dortmund Ev. Theologie mit dem Schwerpunkt Religionspädagogik.

Heide Liebold, Dipl.-Theol., Studium in Münster, Tübingen und Leipzig, Stipendiatin der Hanns-Seidel-Stiftung, Doktorarbeit in Religionspädagogik bei Prof. Helmut Hanisch.

Dr. Robert Schuster war bis zu seinem Ruhestand Studienleiter am Päd.-Theologischen Zentrum der Württembergischen Landeskirche in Stuttgart-Birkach.

Prof. Dr. Jörg Thierfelder lehrt an der PH Heidelberg Ev. Theologie/Religionspädagogik und ist Honorarprofessor an der Universität Heidelberg.

Tobias Ziegler, Studium in Tübingen und Lausanne/CH (Ev. Theologie, Germanistik, Französisch), ist z.Z. in der Examensphase und plant eine Dissertation zum Thema seines Beitrags bei Prof. Friedrich Schweitzer.

Was wissen wir über das Leben Jesu?

Gerd Theißen /
Annette Merz
Der historische Jesus
Ein Lehrbuch
2., durchgesehene Auflage 1997.
557 Seiten,
kartonierte Studienausgabe
ISBN 3-525-52143-X
Leinenausgabe
ISBN 3-525-52149-9

„Dieses Buch ist faszinierend in seiner differenziert gegliederten Fülle und themenorientierten didaktischen Aufbereitung ... Besonders anregend ist die informative Grundstruktur: Jedes Thema wird so abgerundet, dass man sich auf das Lesen einzelner Paragraphen beschränken kann."
Religionspädagogische Hefte

„Dieses Buch ist als ein Standardwerk der Lehre und zugleich als unverzichtbare Grundlage für die künftige Forschung zu empfehlen."
Biblische Zeitschrift

„Das Buch ist von hohem wissenschaftlichen Ethos geprägt."
Kirche und Schule

Dieses Buch „stellt einen großen Wurf dar ... Die didaktische Absicht, die das Buch für Religionslehrer und Religionslehrerinnen besonders attraktiv machen dürfte, findet ihren Niederschlag in hilfreichen Strukturierungen, Übersichten, Tabellen, Skizzen und prägnanten Zusammenfassungen, außerdem in ebenso anspruchsvollen wie vertiefenden Aufgabenstellungen am Anfang und Ende jedes der sechzehn Kapitel. Der Leser kann mit Hilfe der am Schluß des Buches dargebotenen ‚Lösungen' seinen Lernfortschritt kontrollieren."
rhs. Religionsunterricht an höheren Schulen

„... das für theologische Fachbücher richtungsweisende Buch basiert auf breiter Lehrtätigkeit und praktischer Bibelarbeit."
Zeitschrift für katholische Theologie

V&R
Vandenhoeck
& Ruprecht

Theologisches Grundwissen und „Poesie des Glaubens"

Rainer Lachmann /
Gottfried Adam /
Werner H. Ritter
Theologische Schlüsselbegriffe
Biblisch – systematisch – didaktisch
Theologie für Lehrerinnen und Lehrer, Band 1.
1999. 408 Seiten, kartoniert
ISBN 3-525-61420-9

„Theologie für Lehrerinnen und Lehrer" ist der Titel einer neuen Reihe, die theologisches Elementarwissen mit Blick auf die Unterrichtspraxis zugänglich macht. Die „TLL" möchte Religionslehrerinnen und Religionslehrern in Grundschule und Sekundarstufe I eine Hilfe für die Ausbildung bzw. Vertiefung der eigenen hermeneutischen und systematisch-theologischen Kompetenz anbieten.

Theologische Schlüsselbegriffe bilden den Inhalt des ersten Bandes. Die Autoren erschließen anhand von 33 ausgewählten Begriffen zentrale Themenbereiche der christlichen Religion.

Werner H. Ritter (Hg.)
Religion und Phantasie
Von der Imaginationskraft des Glaubens
Biblisch-theologische Schwerpunkte, Band 19.
Mit einem Vorwort von Walter Jens. 2000. 182 Seiten mit 3 Abbildungen, kartoniert
ISBN 3-525-61385-7

Religion und Phantasie – ein ungewöhnliches Gespann. Während den einen Religion als Phantasiegebilde ohne jeden Realitätsgehalt erscheint, entdecken die anderen das Potential von Imagination und Phantasie für eine lebendige Religiosität oder Glaubensbeziehung.

Wie sich Phantasie und Imagination in religiöse Lern- und Bildungsprozesse einbringen lassen und welche Möglichkeiten dadurch eröffnet werden, zeigen die Beiträge dieses Bandes auf.

V&R
Vandenhoeck & Ruprecht